# SUS
## ANIMAL

# SUS ANIMAL
## UM MANIFESTO

Labrador

ALBERTO LUIZ SIMÕES CALDEIRA

© Alberto Caldeira, 2024
Todos os direitos desta edição reservados à Editora Labrador.

Coordenação editorial Pamela J. Oliveira
Assistência editorial Leticia Oliveira, Jaqueline Corrêa
Projeto gráfico e capa Marina Fodra, Amanda Chagas
Diagramação Nalu Rosa
Preparação de texto Ligia Alves
Revisão Amanda Gomes
Imagem de capa Freepik

Dados Internacionais de Catalogação na Publicação (CIP)
Jéssica de Oliveira Molinari - CRB-8/9852

Caldeira, Alberto
   SUS animal : um manifesto / Alberto Caldeira.
São Paulo : Labrador, 2024.
128 p.

ISBN 978-65-5625-642-9

1. Saúde pública veterinária 2. Hospitais veterinários I. Título

24-3001                                    CDD 636.089

Índice para catálogo sistemático:
1. Saúde pública veterinária

## Labrador

Diretor-geral Daniel Pinsky
Rua Dr. José Elias, 520, sala 1
Alto da Lapa | 05083-030 | São Paulo | SP
contato@editoralabrador.com.br | (11) 3641-7446
editoralabrador.com.br

A reprodução de qualquer parte desta obra é ilegal e configura uma apropriação indevida dos direitos intelectuais e patrimoniais do autor. A editora não é responsável pelo conteúdo deste livro. O autor conhece os fatos narrados, pelos quais é responsável, assim como se responsabiliza pelos juízos emitidos.

Ao vô Beto e à vó Lourdes, que do
céu iluminam os meus passos.

À minha mãe, Mônica, e à
minha mãe adjunta, Rita.

À Zuzu, que me inspirou a
escrever este livro.

Zuzu

# SUMÁRIO

Nota do Autor — 09

**PARTE 1 — IDEIAS** — 11
O cão que parou a guerra — 13
Um animal de valor — 16
Coleiras que brilham em seres iluminados — 19
Próxima estação: Cães e Gatos — 23
A rua-banheiro — 27
Bom para o corpo, bom para a alma — 31
Encontros e reencontros — 34
O cão e a vida de cão — 39
O sequestro de pets — 43
A solução holandesa — 46
A legislação pet mais avançada do mundo — 49

**PARTE 2 — IDEAIS** — 69
Por que um sistema único de saúde animal? — 71
    O campo — 73
    Juramento de Hipócrates — 75
    A missão — 76
Abe & Nye — 80
    Abraham Lincoln — 81
    O contexto do texto — 82
    O idealista no poder e o poder do idealista — 83
Nye Bevan — 86
    As origens — 87
    O galo de briga — 88
    A ideia — 89
    A classe médica se opõe — 90
    Você não gosta de mim, mas o seu médico gosta — 90
    Nasce o NHS — 92
O SUS Animal na prática — 95
    O parto de um gigante — 95

- Um modelo possível — 96
- Uma definição — 97
- Esferas de governo — 97
- Centro de estudos do SUS Animal — 98
- Auditoria e controle social — 98
- Os pacientes — 99
- Vedações — 100
- Acesso ao sistema — 100
- Componentes do SUS Animal — 101
- Profissionais — 101
- Desenvolvimento do sistema — 101
- Os hospitais filantrópicos pet e o modelo de organizações sociais de saúde (OSS) — 102
- Uma nova atribuição para a ANS — 103
- Metade do pão agora, depois a outra metade — 103
- O preço do que não tem preço — 105
  - Urgência, a mãe da inovação — 105
  - *War bonds* — 105
  - Taxação sobre produtos pet — 107
  - Loterias federal e estaduais — 109
  - Emendas parlamentares federais, estaduais e municipais — 109
- *In memoriam* — 111
  - Lindo, enorme e esquecido — 111
  - Um lugar para relaxar, junto dos que descansam para sempre — 112
  - Como fazer — 113
  - Os animais humildes merecem tanta celebração quanto os abastados — 115
  - O BNDES — 116
  - Consórcios — 117
  - Adoção pelo setor privado — 117
- Epílogo: Baasar e Zuzu — 118
- Referências — 120

# NOTA DO AUTOR

"O difícil nós fazemos imediatamente;
o impossível demora um pouco mais."
(slogan do exército dos Estados Unidos)

## O navio que voa

Isabella observa, ao pé da cama, o marido febril. Oficial de cavalaria do exército alemão, Ferdinand caiu de seu cavalo e, soterrado sob o animal, sofreu graves lesões que agora resultam em delírio. A esposa testemunha, atônita, o momento em que o rapaz, no auge do ardor, murmura qualquer coisa a respeito de um "navio que voa".

Passado o episódio, a gentil e afetuosa moça prefere não contar ao companheiro plenamente recuperado o que ouviu dizer enquanto acometido de febre alta, por considerar as palavras desconexas mero reflexo da doença que o corpo de Ferdinand lutava para derrotar.

Seria apenas mais um episódio banal entre infinitos casos semelhantes não fosse um detalhe nada singelo: o sobrenome do doente era Zeppelin, o pai dos dirigíveis, pioneiro da aviação e um dos maiores empreendedores de todos os tempos.[1]

Três décadas após o episódio, o oficial visionário — que nem sequer era formado em engenharia — transformaria o delírio

---

1 A história a que faço menção neste excerto consta na introdução do livro *The Zeppelin*, de Michael Belafi, publicado pela editora Pen & Sword Aviation em 2015.

em realidade, criaria a primeira fábrica de dirigíveis do mundo e teria participação decisiva na criação da DELAG, empresa pioneira no transporte aéreo internacional.

Ao longo da história da humanidade, não foram poucas as ocasiões em que os sonhos de idealistas pareceram loucura. As propostas que apresentarei nas páginas seguintes podem, de fato, ter aparência doida, assim como as palavras do conde acamado um século e meio atrás. Pois bem, que assim pareçam. Sem rodeios, ofereço agora, de bate-pronto, um convite aos sonhadores que amam os animais: vamos juntos embarcar no navio que voa?

# PARTE 1
# IDEIAS

# O CÃO QUE PAROU A GUERRA

"Aquele que me amar amará também o meu cão."
(São Bernardo de Claraval, santo católico)

*The Dog Who Stopped the War* [O cão que parou a guerra, em tradução literal] é o título de um comovente filme canadense lançado em 1984. A trama gira em torno de um grupo de crianças que começam uma guerra de neve até que os ânimos se acirram demais. O conflito sai do controle e uma tragédia desnecessária serve para restabelecer a paz: a perda da cadela Cleo, mascote dos garotos, os faz abandonar as hostilidades e voltar a brincar uns com os outros. Uma bela parábola a respeito de como os desentendimentos podem escalar facilmente, e do quanto perdemos ao nos deixarmos levar pela animosidade.

Saímos do Canadá dos anos 1980 para o Brasil de 2024. É preciso reconhecer um fato: a nossa sociedade anda mais dividida do que nunca. Aliás, verdade seja dita, não é apenas no Brasil que se nota o antagonismo crescente entre as pessoas: no Estados Unidos, uma pesquisa do instituto Pew[2] de 2021 revelou que 90% dos americanos acreditam existir um conflito entre apoiadores de diferentes partidos políticos.

---

2  SILVER, Laura et al. Diversity and division in advanced economies. *Pew Research Center*, Oct. 13, 2021. Disponível em: https://www.pewresearch.org/global/2021/10/13/diversity-and-division-in-advanced-economies/. Acesso em: 18 abr. 2024.

Outra pesquisa, esta do instituto Gallup,[3] realizada em 2016, apontou que 77% dos cidadãos americanos viam o país como dividido — um recorde.

A soma de sentimentos à flor da pele, redes sociais e seu poder de amplificação e declínio da civilidade e respeito pelo próximo resulta no atual estado das coisas. O novo normal nas relações humanas se caracteriza pelo ambiente tenso e hostil onde qualquer divergência de opinião pode resultar em desentendimento, inclusive entre amigos e familiares. Quantas festas de final de ano não foram arruinadas por paixões políticas fora de controle nos últimos tempos? Quantos relacionamentos profissionais não foram abalados pelo clima belicoso que se instalou nos locais de trabalho? Quantas amizades não se perderam no turbilhão de emoções e palavras descuidadas que marcam as pessoas no mundo de hoje?

Felizmente, resta um ponto de união que parece imune às paixões políticas, às diferenças religiosas, aos regionalismos e a quaisquer outros fatores de divisão social: o amor pelos animais. Abastados ou humildes, jovens ou idosos, os brasileiros adoram seus companheiros animais, e isso se reflete no estratosférico número de pets país afora — quase 150 milhões, segundo dados do censo 2021 do Instituto Pet Brasil.[4]

Se um sentimento puro e intenso permeia a nossa comunidade, por que não usá-lo como ponto de partida para um processo de cicatrização das relações humanas, que andam tão

---

3  JONES, Jeffrey M. Record-high 77% of Americans perceive nation as divided. *Gallup*, Nov. 21, 2016. Disponível em: https://news.gallup.com/poll/197828/record-high-americans-perceive-nation-divided.aspx. Acesso em: 18 abr. 2024.
4  CENSO PET IPB: com alta recorde de 6% em um ano, gatos lideram crescimento de animais de estimação no Brasil. *Instituto Pet Brasil*, 18 jul. 2022. Disponível em: https://institutopetbrasil.com/fique-por-dentro/amor-pelos-animais-impulsiona-os-negocios-2-2. Acesso em: 18 abr. 2024.

machucadas? Sendo a nossa conexão com os animais domésticos forte e comum, não seria um grande equívoco deixarmos de nos reconhecer naqueles que partilham do mesmo sentimento que nós?

Não se trata de renunciar às diferenças em nome dos pets, de enxergar o mundo com lentes de Poliana, mas de observar que talvez não sejamos tão diferentes quanto possa parecer às vezes. Aqui vale lembrar as sábias palavras do ex-presidente americano Barack Obama, durante evento da sua fundação em 26 de outubro de 2019: "O mundo é bagunçado, existem ambiguidades. Pessoas capazes de grandes feitos também têm falhas. Pessoas com quem vocês brigam amam os filhos e partilham certas coisas com vocês".[5]

É isso. Se pensarmos que o colega de trabalho com quem nos desentendemos por causa da última eleição tem um gatinho que alegra a sua vida, que o motorista que bloqueia a nossa passagem quando estamos com pressa é também o pai de um cão adotado em um abrigo, que a vizinha que evita conversa é apaixonada pelo seu passarinho e o trata como membro da família, voltamos a enxergar claramente a humanidade naqueles com quem não nos damos bem.

O poeta William Wordsworth certa vez disse que a criança é o pai do homem. Por que não deixar também o pet ser o pai do homem?

---

5 Tradução livre de: *"The world is messy, there are ambiguities. People who do really good stuff have flaws. People who you are fighting may love their kids. And share certain things with you".* Disponível em: https://edition.cnn.com/2019/10/30/politics/obama-cancel-culture/index.html. Acesso em: 18 abr. 2024.

# UM ANIMAL DE VALOR

"Se você recolher um cão faminto e torná-lo próspero, ele não o morderá. Essa é a principal diferença entre um homem e um cão." (Mark Twain, escritor norte-americano)

— As primeiras moedas de que se tem notícia surgiram no antigo reino da Lídia,[6] no século VII a.C. Eram feitas de ouro e vinham estampadas com a figura de um leão, marca da casa real local.
— Por meio do comércio, as moedas lídias se espalharam pela Grécia, e logo as cidades-Estado gregas começaram a cunhar o próprio dinheiro.
— A cidade grega de Egina, grande potência comercial, confeccionava as suas moedas com a estampa de uma tartaruga marinha, símbolo da pujança mercantil da cidade. Reza a lenda que, após a guerra entre Egina e Atenas, esta saiu vitoriosa e, a fim de destruir os símbolos da glória do povo derrotado, aboliu as moedas antigas e as substituiu por uma nova série, que levava a imagem de uma tartaruga terrestre.[7]

---

6 CLAUS, Patricia. World's first coins were minted in Ancient Lydia. *Greek Reporter*, Dec. 13, 2023. Disponível em: https://greekreporter.com/2023/01/29/worlds-first-coins-greek/. Acesso em: 18 abr. 2024.
7 AEGINA AND ITS ENMITY WITH ATHENS. *Kosmos Society*, Nov. 29, 2018. Disponível em: https://kosmossociety.org/aegina-and-its-enmity-with-athens/. Acesso em: 2 jun. 2024.

Desde o início da história, os animais são retratados no meio circulante. No Brasil, desde a implantação do Plano Real, em 1994, a biodiversidade nacional é homenageada em nosso dinheiro. Atualmente, os animais que enfeitam as notas de real são:

- o lobo-guará, na nota de 200 reais;
- a garoupa, na nota de 100 reais;
- a onça-pintada, na nota de 50 reais;
- o mico-leão-dourado, na nota de 20 reais;
- a arara-vermelha, na nota de 10 reais;
- a garça, na nota de 5 reais;
- a tartaruga marinha, na nota de 2 reais;
- e o beija-flor, na rara nota de 1 real.

Dada a monumental riqueza da fauna brasileira, inúmeros bichos seriam elegíveis para aparecer nas nossas cédulas. Um animalzinho, entretanto, se destaca dentre os demais em termos de merecimento: o glorioso vira-lata caramelo (conhecido em algumas partes do território nacional como "pudim").

Trata-se do mais autêntico dos cães, presente em todas as partes do território nacional, fiel, alegre e sofrido, como, aliás, frequentemente também o são seus donos.

O caramelo, como costuma ser chamado, é um cão de porte médio, pelo curto cuja cor varia do bege ao creme, sorridente, esperto e ótimo companheiro. Ele é retratado em memes, estampas de camisetas, canecas, sacolas, tapetes e adesivos. É comum vê-lo nas baias dos abrigos municipais e ONGs, acompanhando pessoas em situação de rua, "trabalhando" em borracharias e postos de gasolina, correndo por sítios e chácaras, cheirando a calçada, enroscado em brincadeiras com outros cães, comendo de tudo.

Justíssima seria uma homenagem àqueles seres brasileiríssimos que povoam o cenário das cidades e do campo, sempre ao lado das pessoas a quem dão tanto amor.

Em 2020, por ocasião do lançamento da cédula de 200 reais, uma campanha foi lançada para que a nova nota estampasse a imagem do cachorro mais querido de todos. Até mesmo uma petição online[8] foi criada a fim de tentar convencer a autoridade monetária brasileira a embarcar na ideia. Ao final, infelizmente, a campanha não obteve sucesso. O Banco Central chegou a lançar um vídeo protagonizado por um simpático caramelinho, mas para divulgar a nota com a estampa do "primo" dele, o lobo-guará, que acabou sendo a estrela da nova cédula.

A chama, contudo, não se apagou, e os fãs do cão mais popular do Brasil não desistirão. A próxima cédula que o Banco Central do Brasil lançar — seja quando for e tenha o valor que tiver — há de carregar a imagem do mais brasileiro e carismático dos cães: o amado, idolatrado, dog caramelo.

A nota que (ainda) não temos.

---

[8] VIRA-LATA CARAMELO NA NOTA DE R$200. *Change.org*, 30 jul. 2020. Disponível em: https://www.change.org/p/conselho-monet%C3%A1rio-nacional-vira-lata-caramelo-na-nota-de-r-200. Acesso em: 18 abr. 2024.

# COLEIRAS QUE BRILHAM EM SERES ILUMINADOS

"Alguns dos nossos principais tesouros nós deixamos em museus, aos cuidados de curadores; outros nós levamos para passear." (Roger Caras, naturalista norte-americano)

- Cerca de 1 milhão e meio de motoristas ingleses admitiram já ter atropelado um cão ou gato e fugido em seguida sem prestar socorro — os dados constam de uma pesquisa realizada em 2001 pelo instituto IPSOS.[9]
- Segundo dados da Agência de Transporte do Estado de São Paulo, apenas em 2017 foram encontrados 15.268 gatos e cachorros mortos nas rodovias paulistas administradas por concessionárias.[10]

---

9 THOUSANDS OF CATS AND DOGS VICTIMS OF HIT AND RUN DRIVERS EACH YEAR. *Ipsos*, 4 Oct. 2001. Disponível em: https://www.ipsos.com/en-uk/thousands-cats-and-dogs-victims-hit-and-run-drivers-each-year. Acesso em: 18 abr. 2024.
10 CRMV-SP ALERTA PARA OS RISCOS DO ABANDONO DE ANIMAIS NAS RODOVIAS. *CRMVSP*, 24 jul. 2018. Disponível em: https://crmvsp.gov.br/crmv-sp-alerta-para-os-riscos-do-abandono-de-animais-nas-rodovias/. Acesso em: 18 abr. 2024.

- Na cidade do Rio de Janeiro, desde 2021, o motorista que atropelar um animal é obrigado a socorrê-lo, sob pena de multa.[11]

Não existem dados sólidos a respeito do número de cães e gatos atropelados nas cidades brasileiras. É certo, contudo, que estamos diante de um problema muito grave e que também ocorre, infelizmente, em várias partes do mundo.

Além das medidas óbvias — respeitar a sinalização de trânsito, dirigir com prudência e atenção e prestar socorro ao animal em caso de acidente —, uma ideia despretensiosa pode auxiliar enormemente na redução dos acidentes envolvendo quatro patas e quatro rodas. Trata-se de uma coleira luminosa, inventada pelo jovem engenheiro indiano Shantanu Naidu.

Após ver o corpo de um cão falecido estirado em uma rodovia perto de sua casa, Naidu, que é protetor de animais, ficou profundamente impactado e bolou um projeto para tentar evitar que a cena que viu se repita: uma coleira refletora, capaz de sinalizar a presença do animal na pista e de chamar a atenção dos motoristas para que não o atropelem.

As coleiras, que levam o mesmo material utilizado nos coletes refletivos (aqueles utilizados por funcionários de concessionárias de serviços públicos que trabalham à noite trocando lâmpadas nos postes, ou cabeamentos nas vias públicas, entre outras atividades), são baratas e fáceis de produzir. Nas primeiras versões do produto, Shantanu utilizava calças jeans usadas, doadas por apoiadores da causa, para confeccionar a base da

---

11 PREFEITURA DA CIDADE DO RIO DE JANEIRO. *Lei n. 6.884, de 26 de abril de 2021.* Torna obrigatória a prestação de socorro aos animais atropelados pelo atropelador no âmbito do Município do Rio de Janeiro, na forma que menciona. Disponível em: http://aplicnt.camara.rj.gov.br/APL/Legislativos/contlei.nsf/7cb7d306c2b748cb0325796000610ad8/463fa5c0ce3ad5b5032586c40052ffd5?OpenDocument. Acesso em: 18 abr. 2024.

coleira, e por cima costurava uma tira de material luminoso, criando um produto de baixíssimo custo e alta durabilidade.

Incentivado pelo pai, o inventor mandou uma carta ao CEO do Grupo Tata, Ratan Tata, um magnata indiano apaixonado por pets, contando a sua ideia. Para surpresa do jovem engenheiro, Tata não só adorou a ideia como decidiu financiá-la. E foi muito além: contratou Shantanu como seu assessor, e desenvolveu com o rapaz uma amizade que já rendeu até mesmo um livro de memórias, chamado *I Came Upon a Lighthouse: A Short Memoir of Life with Ratan Tata* [Vim ao encontro de um farol: uma breve memória de minha vida com Ratan Tata, em tradução livre].

É fácil imaginar que cachorros de moradores de rua, ou mesmo aqueles que têm acesso à rua, estariam muito mais seguros caso pudessem ser notados pelos motoristas. Aos gatos, certamente, a coleira luminosa também seria útil, dando visibilidade aos bichanos, que são famosos por se esconder embaixo de carros e por cruzar ruas e avenidas displicentemente.

Há um famoso provérbio judaico que diz: "Quem quer que salve uma vida salva o mundo inteiro". Graças à ideia de Shantanu Naidu, ficou fácil salvar o mundo inteiro.

Um fofo cão de rua vestindo a coleira refletora.
Fonte: https://www.nsoj.in/stories/shantanu-
-naidu---a-story-worth-telling.

# PRÓXIMA ESTAÇÃO: CÃES E GATOS

"Ninguém pode se queixar de não ter um amigo podendo ter um cão." (Marquês de Maricá, político brasileiro)

— Na linda cidade de Istambul, Boji, um simpático vira-lata grandalhão, costuma ser visto circulando pelo transporte público local, sobretudo nos bondes que cruzam a grande cidade turca (funcionários do sistema de transporte estimam que ele percorra em média 30 quilômetros por dia nos diferentes modais, que incluem metrô, ônibus e barcas). Tratado como celebridade por onde passa, Boji ganhou uma conta no Instagram para que seus fãs possam registrar e acompanhar suas peripécias: @bojithetravellingdog.
— Um grupo de cães de rua em Moscou, na Rússia, descobriu como andar no metrô da cidade, segundo reportagem do canal de TV americano ABC News.[12] O biólogo Andrey Poyarkov, que estudou por três décadas os cães que transitam pelo sistema de transporte público da capital russa, chegou mesmo a afirmar: "Há todo tipo de cão de rua por Moscou, só não há cães bobos".

---

12 STRAY DOGS MASTER COMPLEX MOSCOW SUBWAY SYSTEM. *ABC News*, Mar. 19, 2010. Disponível em: https://abcnews.go.com/International/Technology/stray-dogs-master-complex-moscow-subway-system/story?id=10145833. Acesso em: 18 abr. 2024.

— Os moradores da capital russa, aliás, parecem ter especial apreço por cachorros. As várias estátuas em homenagem aos companheiros de quatro patas espalhadas pela cidade são uma pequena amostra do amor dos moscovitas por seus cães. Na estação de metrô de Park Pobedy, um pastor-alemão feito de bronze homenageia os mais de 60 mil cães que morreram na Segunda Guerra Mundial servindo ao exército russo. Já na estação Slavyansky Bulvar, um monumento presta tributo aos bombeiros e seus cães de salvamento pelos atos de bravura que praticam em defesa de quem se encontra em perigo.

Uma nova linha de metrô está sendo construída na cidade de São Paulo, a Linha 6 Laranja.[13] Na cidade do Rio de Janeiro há pelo menos uma estação — no bairro da Gávea[14] — com perspectiva de ser finalizada num futuro próximo. O município de Belo Horizonte deve ter sua malha metroviária expandida até 2027, se nenhum imprevisto ocorrer.[15] Fortaleza, a capital cearense, se prepara para dar seguimento ao plano de ampliação

---

13  TATUZÃO CONCLUI 49% DA ESCAVAÇÃO DO TRECHO SUL DA LINHA 6-LARANJA DO METRÔ. *Governo do Estado de São Paulo*, 31 jan. 2024. Disponível em: https://www.saopaulo.sp.gov.br/spnoticias/ultimas-noticias/tatuzao-conclui-49-da-escavacao-do-trecho-sul-da-linha-6-laranja-de-metro/. Acesso em: 18 abr. 2024.

14  ÁVILA, Edimilson. Governo fecha acordo para terminar Estação Gávea do metrô. *G1*, 23 nov. 2023. Disponível em: https://g1.globo.com/rj/rio-de-janeiro/blog/edimilson-avila/post/2023/11/23/acordo-para-terminar-estacao-gavea-do-metro.ghtml. Acesso em: 18 abr. 2024.

15  MILAGRES, Leonardo. Agora vai? Metrô de BH promete entregar segunda linha em 2027. *G1*, 5 set. 2023. Disponível em: https://g1.globo.com/mg/minas-gerais/noticia/2023/09/05/agora-vai-metro-de-bh-promete-entregar-segunda-linha-em-2027.ghtml. Acesso em: 18 abr. 2024.

do metrô local, com a conclusão da linha leste.[16] O metrô de Salvador, na Bahia, pode nos próximos anos ser estendido até o município de Lauro de Freitas[17]. Em termos de transporte sobre trilhos, portanto, o horizonte é promissor. Isso para não falar dos veículos leves sobre trilhos (VLTs) e dos trens, modalidades presentes em algumas cidades brasileiras.

De todas as estações que esse conjunto de obras criará, ao menos uma, uma só, poderia fazer uma homenagem aos pets que alegram as nossas vidas. O nome seria o menos polêmico que já se pensou para uma estação de metrô: Cães e Gatos. Isso mesmo, estação Cães e Gatos.

Considerando que as obras públicas devem acompanhar o espírito do tempo em que são erguidas, e o nosso tempo é o das famílias multiespécies[18], nada mais razoável do que batizar um equipamento público com ampla circulação de pessoas em referência àqueles com quem — e por quem — muitos de nós vivemos. Vale lembrar que, segundo dados do IBGE, 47,9 milhões de lares brasileiros contam com um cão ou gato.[19]

---

16  VARGAS, Paloma. Acordo para retomar obras da Linha Leste do Metrô de Fortaleza é fechado. *O Povo*, 31 out. 2023. Disponível em: https://www.opovo.com.br/noticias/economia/2023/10/31/acordo-para-retomar-obras-da-linha-leste-do-metro-de-fortaleza-e-fechado.html. Acesso em: 18 abr. 2024.

17  LEIRO, Mauricio. Estação Lauro de Freitas do Metrô tem grupo de trabalho para viabilizar chegada do modal; entenda ajuste. *Bahia Notícias*, 25 ago. 2023. Disponível em: https://www.bahianoticias.com.br/noticia/283592-estacao-lauro-de-freitas-do-metro-tem-grupo-de-trabalho-para-viabilizar-chegada-do-modal-entenda-ajuste. Acesso em: 18 abr. 2024.

18  LAURENT-SIMPSON, Andrea. Andrea Laurent-Simpson: "Dog Mom" and more – we're living in multispecies families now. Here's what it means. *Fox News*, July 31, 2021. Disponível em: https://www.foxnews.com/opinion/dog-mom-multispecies-families-andrea-laurent-simpson. Acesso em: 18 abr. 2024.

19  RIOS, Renata. Quase 48 milhões de domicílios no Brasil têm cães ou gatos, aponta pesquisa do IBGE. *Correio Braziliense*, 4 set. 2020. Disponível em: https://www.correiobraziliense.com.br/brasil/2020/09/4873376-quase-48-milhoes-de-domicilios-no-brasil-tem-caes-ou-gatos-aponta-pesquisa-do-ibge.html. Acesso em: 18 abr. 2024.

O tributo não se limitaria aos cachorros e gatos domésticos: os cães-guia, os cães policiais, os cães de salvamento e os cães de guarda, além de cães e gatos de assistência emocional, também seriam homenageados com a iniciativa que propomos aqui.

Não há objeção de ordem financeira, não beneficia ou prejudica nenhum grupo político, tampouco ofende quem quer que seja, visto tratar-se apenas de uma respeitosa declaração de amor aos nossos bichos. Estação Cães e Gatos é uma ideia na qual podemos embarcar — com ou sem trocadilho.

# A RUA-BANHEIRO

"Administre qualquer situação como um cão. Se não for possível comer o problema ou brincar com ele, simplesmente faça xixi e vá embora." (autor desconhecido)

— Estima-se que o meio milhão de cães que vivem na cidade de Nova York produza uma média de 74 toneladas de cocô por dia,[20] ou algo como 27 mil toneladas anuais — o equivalente à capacidade intestinal de 3,8 mil elefantes africanos.
— Em setembro de 2015, um poste de iluminação desabou sobre um carro no centro da cidade de San Diego, no estado americano da Califórnia.[21] O motivo do acidente deixou os moradores do local incrédulos: corrosão causada por urina de cachorro.
— As fezes de cachorro pelas ruas não são apenas desagradáveis, mas também perigosas: no bairro Upper East Side, em Nova York, foi detectada uma quantidade de fezes

---

20 MISNARY, Rosemary. Should NYC compost its tons of dog poop? One neighborhood is trying it. *Gothamist*, Mar. 6, 2023. Disponível em: https://gothamist.com/news/should-nyc-compost-its-daily-tons-dog-poop-one-neighborhood-trying-it. Acesso em: 18 abr. 2024.
21 LUKE, Steven; McVICKER, Laura. Lamp post corroded by dog urine topples over in downtown San Diego. *NBC San Diego*, Sept. 11, 2015. Disponível em: https://www.nbcsandiego.com/news/local/dog-urine-contributes-lamp-post-corroded-downtown-san-diego/1983654/. Acesso em: 18 abr. 2024.

animais trezentas vezes[22] superior ao volume necessário para interditar uma praia local. Os excrementos caninos expõem os seres humanos ao risco de contrair doenças graves como cólera e hepatite.

É praticamente impossível sair à rua nas grandes cidades brasileiras e não encontrar papais e mamães humanos passeando com seus rebentos caninos. Além de divertir os animais e exercitá-los, as voltinhas pelo bairro servem a um propósito ainda mais importante: permitir que os animais se aliviem fazendo suas necessidades ao ar livre. Ocorre que a rua, transformada em banheiro pet, necessita de cuidados especiais. O processo de limpeza urbana precisa ser repensado.

Em primeiro lugar, falta informação. Os dejetos dos cães e gatos não são inofensivos, e isso tem de ficar claro para todos. As fezes caninas, por exemplo, são riquíssimas em bactérias que podem causar uma série de moléstias. Na cidade de Paris[23], cerca de 650 pessoas se acidentam por ano ao escorregar em cocôs de cachorro deixados nas calçadas.

O diagnóstico das nossas ruas é de conhecimento geral: faltam cestos de lixo, falta aumentar a frequência da varrição e lavagem de vias, e falta, sobretudo, cooperação dos tutores.

O asseio das ruas e passeios públicos é um problema que atravessa os séculos e que prefeitos ao redor do mundo tentam a

---

22 SHAHEEN, Mansur. America's poop public health crisis: sidewalks in major US cities are now covered in dog (and HUMAN) feces — and experts warn it may be fueling E. Coli, hepatitis and heart inflammation cases. *Daily Mail*, 21 Feb. 2023. Disponível em: https://www.dailymail.co.uk/health/article-11776717/What-NYCs-dog-poop-ridden-streets-mean-health.html. Acesso em: 18 abr. 2024.

23 HUNT, Elle. Doodoowatch: a crowdsourced solution to our cities' dog mess minefield? *The Guardian*, 4 May 2018. Disponível em: https://www.theguardian.com/cities/2018/may/04/poo-patrol-how-doodoowatch-could-solve-our-cities-dog-mess-problems. Acesso em: 18 abr. 2024.

todo custo resolver. Madri, capital da Espanha, chegou a adotar uma postura radical:[24] o tutor que deixasse de recolher as fezes do seu cão ficaria sujeito a uma pesada multa de 1700 euros, ou a trabalhar alguns dias como gari. Outra cidade espanhola, Colmenar Viejo,[25] foi ao extremo de contratar detetives para filmar os tutores displicentes e em seguida encaminhar as imagens para a prefeitura lhes aplicar uma multa de 750 euros.

Creio, porém, que não é preciso ir tão longe. A sabedoria está no caminho do meio. As multas são de fato necessárias, pois há tutores que deliberadamente se recusam a cumprir sua obrigação e deixam sujeira nas calçadas — o poder disciplinador do Estado deve ser utilizado para enquadrar aqueles que, por preguiça ou descaso, geram transtornos a terceiros. O grosso do problema, no entanto, pode ser resolvido com informação e conscientização. A maioria das pessoas é sensata e bem-intencionada. Cientes dos perigos e inconvenientes que as fezes dos animais domésticos oferecem, não se recusarão a agir como se deve.

Fica minha sugestão à Associação Brasileira de Municípios, AMB, que poderia promover uma campanha nacional de conscientização da importância de manter as calçadas limpas. Um movimento apartidário, revestido de cidadania, que consistiria na celebração de uma parceria entre cidadãos e prefeituras, em que aqueles oferecem a responsabilidade e a fiscalização e estas, a varrição e os cestos de lixo.

---

24  BRULLIARD, Karin. Cities go to extreme lengths to tackle a dog poop epidemic. *The Washington Post*, Apr. 27, 2016. Disponível em: https://www.washingtonpost.com/news/animalia/wp/2016/04/27/madrid-is-the-latest-city-to-fight-a-dog-poop-epidemic-that-just-wont-go-away/. Acesso em: 18 abr. 2024.

25  KASSAM, Ashifa. Spanish town hires its own pet (poo) detective. *The Guardian*, 3 Apr. 2014. Disponível em: https://www.theguardian.com/world/2014/apr/03/spanish-town-hires-pet-poo-detective-dogs. Acesso em: 18 abr. 2024.

E, para além de evitar sujar as vias ou limpá-las com frequência, é preciso ir gradualmente empregando novos materiais que reduzam o risco de danos causados pela urina dos animais, que infelizmente os tutores não têm como recolher. Postes de iluminação são provavelmente os equipamentos mais afetados pelo xixi dos cães, e as administrações municipais, à medida que precisem trocá-los, podem e devem levar isso em consideração e optar por estruturas feitas com materiais resistentes à urina dos pets.

É trabalhoso ter um bichinho. Mas, diante das alegrias que ele nos proporciona, nenhum trabalho é demasiado. Os pais, diante do sorriso do seu bebê, não se incomodam com as fraldas. Nem os tutores, diante do sorriso dos bebês peludos, devem se importar em levar um saquinho ao sair para passear com seus dogs.

# BOM PARA O CORPO, BOM PARA A ALMA

"A caminhada é o melhor remédio para o homem" (Hipócrates, filósofo grego)

— Tutores de cães caminham em média trezentos minutos por semana, quase três vezes o tempo médio gasto no mesmo exercício por pessoas que não têm pet, conforme revela reportagem de 4 de junho de 2019 do jornal *The New York Times*.[26]

— Ter um cachorro faz bem ao coração em mais de um sentido. Estudo publicado por pesquisadores do conceituado hospital Mayo Clinic[27] indica que a saúde cardiovascular de pessoas que possuem um cão tende a ser melhor do que a daquelas que não têm um amigo de quatro patas em casa.

---

26 REYNOLDS, Gretchen. Dog owners get more exercise. *The New York Times*, May 29, 2019. Disponível em: https://www.nytimes.com/2019/05/29/well/move/dog-owners-get-more-exercise.html. Acesso em: 18 abr. 2024.

27 MALLOY, Terri. Your heart's best friend: dog ownership associated with better cardiovascular health. *Mayo Clinic*, Aug. 23, 2019. Disponível em: https://newsnetwork.mayoclinic.org/discussion/your-hearts-best-friend-dog-ownership-associated-with-better-cardiovascular-health/?mc_id=us&utm_source=newsnetwork&utm_medium=l&utm_content=content&utm_campaign=mayoclinic&geo=national&placementsite=enterprise&cauid=100721. Acesso em: 18 abr. 2024.

– Estudo realizado no Japão com 66 mil crianças[28] revelou que aquelas que tiveram contato com cães e gatos no início da vida apresentaram 15% menos chance de desenvolver alergias alimentares causadas por ovos, leite, trigo, soja e castanhas.

"Panaceia", conforme a definição principal do dicionário *Caldas Aulete*, é o "remédio que teria o poder de curar todos os males". Confesso que não conheço nenhum remédio que se enquadre nessa definição. Mas sei de dois lenitivos capazes de melhorar praticamente todos os aspectos da vida de um ser humano, a um custo mínimo: o cão e o gato.

Não, caro leitor, não estou sendo sentimentalista, tampouco estou sozinho na minha convicção. Um número cada vez maior de estudos corrobora a ideia de que a presença de um companheiro animal impacta positivamente a vida do seu tutor.

O cachorro, por exemplo, ao forçar o seu dono a brincar e passear, acaba por exercitá-lo, ainda que a contragosto. O animal é companhia permanente para o seu humano, oferece afeto irrestrito e incondicional, além de divertimento. Problemas que atualmente preocupam a sociedade, como carência afetiva e obesidade, podem ser trabalhados por meio da parceria do homem com os pets.

A população brasileira está envelhecendo, e o número de idosos no último censo passou de 22 milhões.[29] É preciso pla-

---

28  DUCHARME, Jamie. Babies with pets may be less likely to develop food allergies. *Time*, Mar. 29, 2023. Disponível em: https://time.com/6266337/pets-food-allergies-children. Acesso em: 18 abr. 2024.
29  GOMES, Irene; BRITTO, Vinícius. Censo 2022: número de pessoas com 65 anos ou mais de idade cresceu 57,4% em 12 anos. *Agência de notícias do IBGE*. Disponível em: https://agenciadenoticias.ibge.gov.br/agencia-noticias/2012-agencia-de-noticias/noticias/38186-censo-2022-numero-de-pessoas-com-65-anos-ou-mais-de-idade--cresceu-57-4-em-12-anos. Acesso em: 8 maio 2024.

nejar ações visando à promoção da qualidade de vida daqueles que já passaram dos 65 anos e dos que farão parte desse grupo num futuro próximo.

Podemos recorrer à história em busca de sugestões. Em 1956, o presidente americano Dwight Eisenhower inaugurou o Conselho Presidencial da Nutrição Juvenil. Em 1963, o presidente Kennedy transformou o conselho criado por Eisenhower no Conselho Presidencial para Nutrição e Envelhecimento Saudável, um órgão voltado a assessorar o homem mais poderoso do mundo na elaboração de políticas públicas voltadas para saúde e longevidade.

Algo semelhante poderia ser feito também no Brasil, sem custos. O presidente da república e governadores de estado poderiam formar comissões especiais e indicar especialistas em saúde, acadêmicos e atletas que os auxiliassem a elaborar um plano para estimular a população a praticar atividades físicas — e os cães poderiam ser uma força para o bem de seus donos, caso incluídos na proposta.

O Banco Nacional de Desenvolvimento Econômico e Social (BNDES), por exemplo, poderia disponibilizar uma linha de crédito para a reforma de praças pelo Brasil, adaptando equipamentos públicos para a prática de exercícios físicos, tanto de pessoas quanto dos pets — espaços que serviriam à saúde e ao convívio. A disseminação de academias ao ar livre e de locais para atividades com cães — como as que já existem, por exemplo, nas cidades de Santos e Diadema, no estado de São Paulo — poderia promover uma verdadeira revolução na saúde do brasileiro.

É certo que uma comunidade ativa, que se exercita com frequência, vive mais e melhor. Uma comunidade que vive cercada por animais de estimação também vive melhor. Que tal se combinássemos as duas numa só?

# ENCONTROS E REENCONTROS

"A ausência faz o amor crescer."
(Francis Davison, poeta inglês)

— Um cachorro perdido em 2011 na cidade de Glendale,[30] no estado americano do Arizona, retornou aos braços de seus donos em setembro de 2023. Após passar doze anos desaparecido, o bichon frisé Minion — que escapara de casa num momento de descuido dos tutores, que deixaram a porta do quintal aberta — foi localizado graças ao microchip que continha as informações de contato de sua família.

— Os cães são capazes de chorar de felicidade[31] ao ver os donos, segundo estudo publicado ano passado em 2022 na revista *Current Biology*. Pesquisadores descobriram que a alegria provocada pelo reencontro com os donos é capaz de gerar uma emoção tão intensa nos cachorros que pode levá-los a lacrimejar.

---

30  EICHENBERG, Gretchen. Arizona dog returns to family after going missing for 12 years: "Was like a new puppy again". *Fox News*, Sept. 13, 2023. Disponível em: https://www.foxnews.com/lifestyle/arizona-dog-returns-family-going-missing-12-years-was-like-a-new-puppy-again. Acesso em: 18 abr. 2024.
31  MACKEY, Maureen. Dogs cry tears of joy when reunited with their owners: new study. *Fox News*, Aug. 23, 2022. Disponível em: https://www.foxnews.com/lifestyle/dogs-tears-joy-reunited-owners-study. Acesso em: 18 abr. 2024.

– Reportagem do programa *Domingo Espetacular* da Record TV[32], exibida em 14 de maio de 2023, mostrou que o trabalho dos detetives especializados na localização de pets chega a custar impressionantes 2 mil reais por dia. Apesar do preço salgado, a procura pelo serviço dos detetives de animais vem crescendo exponencialmente nos últimos anos.

Os passageiros do metrô de São Paulo já devem ter observado, nos monitores dos vagões, imagens de pessoas desaparecidas e o contato para que auxiliem as autoridades, caso tenham alguma informação. Trata-se de uma iniciativa brilhante da Divisão de Localização Familiar e Desaparecidos, departamento da Secretaria Municipal de Direitos Humanos e Cidadania (SMDHC) da prefeitura de São Paulo. Os servidores da divisão de desaparecidos, aliás, são exemplares no empenho com que cumprem suas funções.

O funcionário público Darko Hunter,[33] responsável pela criação da divisão, faz uso de todos os recursos possíveis para encontrar homens e mulheres, crianças, adultos e idosos que desapareceram recentemente ou há muito tempo. E os resultados dos esforços de Darko e sua equipe são impressionantes: somente em 2020, 579 pessoas desaparecidas foram localizadas e puderam retornar para suas famílias ou foram encaminhadas para receber os cuidados médicos e acompanhamento de que necessitam.

---

32  CÃES E DETETIVES PARTICULARES ENFRENTAM QUALQUER DIFICULDADE PARA ENCONTRAR PETS DESAPARECIDOS. *R7*, 15 maio 2023. Disponível em: https://recordtv.r7.com/domingo-espetacular/videos/caes-e-detetives-particulares-enfrentam-qualquer-dificuldade-para-encontrar-pets-desaparecidos-15052023. Acesso em: 18 abr. 2024.

33  RESK, Felipe. Darko Hunter: o caçador de pessoas desaparecidas em São Paulo. *Estadão*, 28 mar. 2021. Disponível em: https://www.estadao.com.br/sao-paulo/darko-hunter-o-cacador-de-pessoas-desaparecidas-em-sao-paulo/. Acesso em: 18 abr. 2024.

Quando alguém querido desaparece, nosso coração fica em frangalhos. O mesmo acontece quando um animal de estimação some, só que neste caso, infelizmente, não há um serviço organizado ao qual recorrer. Recorre-se ao improviso, aos amigos e vizinhos, e à oração. Poucas imagens provocam mais comoção do que a de um cartaz afixado pelos postes de um bairro informando que um passarinho, ou cão, ou gato, sumiu e deixou seus tutores arrasados.

Se antigamente os cães moravam em casinhas no quintal, hoje vivem junto com os donos, recebem carinho, atenção e cuidados e, não raro, dormem no mesmo quarto que os "pais humanos". Usa-se o termo "família multiespécie"[34] para descrever a atual configuração do relacionamento entre pessoas e pets, tendo estes assumido uma posição de grande importância no núcleo familiar que os acolhe.

É nesse contexto que cabe perguntar: tendo os animais a relevância que têm para as pessoas que os adotam, não deveríamos tratar com mais seriedade e urgência o eventual desaparecimento deles? Creio que sim. Conquanto os animais domésticos sejam entes "privados", por serem responsabilidade das famílias que os adotam, merecem ser tratados com apreço pela comunidade. Se passamos a chamar a gata e o cãozinho de filho, então a segurança e o bem-estar deles devem ser tratados com a seriedade com que se cuida de uma criança. A postura da coletividade ante os animais precisa ser atualizada levando em consideração esse novo papel dos bichos em nossas vidas.

---

[34] LAURENT-SIMPSON, Andrea. Just like family: how companion animals joined the household. *PhilPapers*, 2021. Disponível em: https://philpapers.org/rec/LAUJLF. Acesso em: 18 abr. 2024.

Algumas iniciativas simples vêm a calhar. A criação de bancos de informações sobre pets desaparecidos, se possível em todos os municípios com mais de 50 mil habitantes, e posteriormente a integração desses bancos nos estados e eventualmente em todo o país, é um projeto que custaria muito pouco ao contribuinte, uma vez que caberia ao poder público apenas a tarefa de receber e divulgar informações por meio da criação e manutenção de sites com fotos e dados para contato e a exibição de anúncios dos animais desaparecidos nos sistemas de transporte público e repartições municipais.

Já existem algumas iniciativas notáveis nessa linha, das quais destaco duas. Na cidade de Campinas-SP, a prefeitura disponibiliza um portal[35] que, além das informações sobre os pets perdidos, conta com um serviço de emergência para animais atropelados. E a Polícia Civil de Santa Catarina[36] mantém um espaço em sua página na internet chamado SOS-Pets, onde ficam registrados os casos de desaparecimentos de animais doméstico por todo o estado.

Nos municípios maiores, as prefeituras poderiam até mesmo designar funcionários do quadro de pastas como meio ambiente ou cidadania, para fazer pelos animais o trabalho que Darko Hunter faz pelas pessoas na capital paulista. Ao tomarem a iniciativa de auxiliar as famílias nas buscas pelos animais domésticos perdidos, os governos municipais certamente atrairiam a atenção e o interesse de voluntários, que poderiam multiplicar o poder de ação e facilitar imensamente a localização dos pets sumidos.

---

35  Disponível em: https://portalanimal.campinas.sp.gov.br/achados-e-perdidos.
36  Disponível em: https://sistemas.pc.sc.gov.br/sospets/.

O brasileiro tem o amor ao próximo enraizado na alma. A vontade de ajudar o semelhante permeia as relações humanas em nossa terra. Ao estender o nosso espírito solidário aos nossos bichos, agimos com coerência. E o Estado, ao institucionalizar o cuidado com os pets, realiza em sentido amplo a sua missão essencial, que é a promoção do bem comum.

# O CÃO E A VIDA DE CÃO

"Não importa quão escasso seja o seu dinheiro e quão escassas sejam as suas posses, ter um cão faz com que você se sinta rico." (Louis Sabin, escritor norte-americano)

— O estado do Missouri, nos EUA, implementou em 2010 um programa chamado Puppies for Parole[37] (filhotes pela condicional, em tradução livre), que consiste na utilização de detentos do sistema prisional local para treinar cães que vivem em abrigos e em seguida disponibilizá-los para adoção. Em 2023 o programa chegou à marca de 7 mil animais adotados.
— Noutro estado americano, a Califórnia, uma iniciativa semelhante, chamada Pawsitive Change[38] (mudança positiva, em tradução livre — note-se o trocadilho na palavra "pawsitive", que é a soma de "paw", pata, e "positive", positivo), resultou em mais de trezentos detentos formados como adestradores e cerca de duzentos animais resgatados e adotados.

---

37  ROYAL CANIN CELEBRATES 7,000TH ADOPTION FROM MISSOURI PUPPIES FOR PAROLE PROGRAM. *PR Newswire*, Sept. 19, 2023. Disponível em: https://www.prnewswire.com/news-releases/royal-canin-celebrates-7-000th-adoption-from--missouri-puppies-for-parole-program-301931754.html. Acesso em: 18 abr. 2024.
38  BURKE, Hilda. Pets in prison: the rescue dogs teaching Californian inmates trust and responsibility. *The Guardian*, 19 Apr. 2020. Disponível em: https://www.theguardian.com/lifeandstyle/2020/apr/19/pets-in-prison-the-rescue-dogs-teaching-californian-inmates-trust-and-responsibility. Acesso em: 18 abr. 2024.

— No Brasil, há algumas iniciativas pontuais envolvendo detentos e cães. Na cidade de Tremembé, no interior de São Paulo, por iniciativa da Juíza Sueli Zeraik de Oliveira, presos do regime semiaberto da Penitenciária Dr. Tarcizo Leonce Pinheiro Cintra[39] cuidam dos animais que vivem num canil instalado dentro do presídio até que venham a ser adotados. Em troca, além do carinho dos animais, recebem descontos em suas penas.

Não sou daqueles que acreditam que todo criminoso possa se recuperar. Entendo que lamentavelmente existem indivíduos comprometidos com o mal e cuja natureza é imutável. Já vivi o suficiente para testemunhar atos de perversidade absolutamente gratuitos, imotivados, a revelar a natureza torpe e incorrigível dos seus autores. A ampla maioria — senão a quase totalidade — dos delinquentes, contudo, poderia jamais ter enveredado pelo caminho do crime.

O célebre escritor russo Tolstói inicia o monumental romance *Anna Karenina* dizendo que "todas as famílias felizes se parecem; cada família infeliz é infeliz ao seu modo". Assim também ocorre com o infrator: cada indivíduo chega à marginalidade por um caminho diferente, e todos são igualados na miséria dos presídios. Há grupos de presos — em especial os que se desviaram pela falta de afeto, de exemplo e de compaixão, enfim, de quem lhes amasse incondicionalmente — que podem, e devem, ser recuperados e reintegrados ao convívio

---

[39] ALBUQUERQUE, Flávia. Detentos cuidam de cães e gatos em presídio de São Paulo. *Agência Brasil*, 9 abr. 2022. Disponível em: https://agenciabrasil.ebc.com.br/geral/noticia/2022-04/detentos-cuidam-de-gatos-e-caes-em-presidio-de-sao-paulo. Acesso em: 18 abr. 2024.

social. E quem melhor do que os cães para oferecer carinho espontâneo e abundante?

Juntar aqueles que mal sabem o que é ser querido com criaturas programadas para amar parece uma ideia no mínimo promissora. As raras iniciativas que buscaram levar essa ideia adiante tiveram enorme êxito. São milhares de animais pelo Brasil buscando um tutor e dezenas de milhares de presos buscando uma segunda chance. Recuperar um indivíduo internado num presídio significa prevenir novos crimes, poupar dinheiro com a administração penal, que é caríssima, e converter um potencial perigo para a coletividade em um indivíduo plenamente funcional, dotado de cidadania.

Por que não replicar a experiência dos programas citados no princípio do texto nas cadeias Brasil afora? Francamente, não vejo nenhum argumento potente contra a ideia. As premissas são simples e as instituições pioneiras certamente não se negariam a partilhar o conhecimento adquirido na execução dos programas.

Em dando certo o experimento, pode-se utilizar a iniciativa até mesmo como incentivo: o preso que se portar com disciplina, com diligência, aquele que se arrepender e desejar um novo começo, pode ter a chance de participar do projeto. O bom comportamento deve ser reconhecido, e, em sendo com amor, tanto melhor.

Se me fosse dado falar aos gestores penitenciários dos estados brasileiros, eu lhes pediria: ousem. Ousem combinar disciplina com o afeto que os animais transbordam. Celebrem parcerias, firmem convênios com as milhares de entidades que cuidam de animais abandonados no nosso país e ofereçam aos criminosos não violentos, de bom histórico, carentes de redenção, uma porta de saída da delinquência através da conexão, do carinho e da responsabilidade de cuidar de um animal. Façam ecoar, senhores, as palavras de São Francisco de Assis: "Comece fazendo o que é necessário, depois o que é possível, em breve estará fazendo o impossível".

Poderia algo ser mais gratificante do que saber que os abrigos de animais e presídios estão com vagas em aberto em razão de queda na demanda?

# O SEQUESTRO DE PETS

"Os cães são a nossa conexão com o paraíso. Eles não conhecem o mal, a inveja e o descontentamento."

(Milan Kundera, escritor checo)

— Levantamento[40] realizado pela polícia militar em 2019 revelou que 65 cães foram sequestrados na cidade de São Paulo no ano de 2017; em 2018, foram 137. São números impressionantes. O total de casos de rapto canino foi consideravelmente maior do que o de crimes de extorsão mediante sequestro[41] ocorridos na capital paulista em 2017 (10) e 2018 (8).

— A ONG inglesa Lostdogs, especializada no apoio a tutores cujos cães foram raptados, compilou dados alarmantes:[42] nada menos do que 170% de aumento no número de ocorrências de sequestros de cães no Reino Unido entre os anos de 2019 e 2020 — de 172 para 465 casos.

— Gustavo e Koji, dois cães da raça buldogue francês, protagonizaram o sequestro pet mais comentado de todos os tempos. Filhos de quatro patas da cantora Lady Gaga,

---

40 MATOS, Flavia. Sequestro de animais domésticos aumenta e assusta famílias; saiba como se proteger. *Jovem Pan*, 6 set. 2020. Disponível em: https://jovempan.com.br/noticias/brasil/sequestro-de-animais-domesticos-aumenta-e-assusta-familias-saiba-como-se-proteger.html. Acesso em: 18 abr. 2024.

41 Disponível em: https://www.ssp.sp.gov.br/noticia/43329.

42 THOMAS, Tobi. Beware of social media: warning for UK dog owners as thefts rise. *The Guardian*, 26 Feb. 2021. Disponível em: https://www.theguardian.com/world/2021/feb/26/beware-social-media-warning-uk-dog-owners-thefts-rise. Acesso em: 18 abr. 2024.

ambos passeavam pelas ruas de Los Angeles com o cuidador Ryan Fischer, quando duas pessoas o abordaram e o balearam, e levaram os animais. Algumas semanas depois os cãezinhos foram localizados pela polícia e retornaram sãos e salvos à sua dona. Ryan se recuperou do ferimento, enquanto cinco indivíduos foram presos por participação no crime.

*Dognapping* é uma expressão em inglês originada pela fusão das palavras "dog" (cão) e "kidnapping" (sequestro), e que designa especificamente o sequestro de cães. Trata-se de assunto seríssimo, sobre o qual os legisladores brasileiros ainda não se debruçaram.

Atualmente, quem quer que rapte um cão ou gato do seu dono pode responder pelo crime de furto (artigo 155 do Código Penal), ou roubo (artigo 157), caso a ação envolva o emprego de violência ou grave ameaça. Ocorre que ambos os crimes consistem na "subtração de coisa alheia móvel".

Animais não são coisas, obviamente. O legislador, ao redigir os artigos mencionados, tinha em mente objetos, bens, e não seres vivos. Ou seja, aplica-se a pena de furto ou a de roubo por falta de lei específica. A legislação carece, portanto, de um acréscimo que tipifique claramente o crime de sequestro de pets.

Já existem iniciativas semelhantes ocorrendo ao redor do mundo, sendo o exemplo mais chamativo o do Reino Unido, onde uma força-tarefa criada em maio de 2021 dedicou-se a estudar e propor medidas para combater a onda de roubos de animais domésticos que assola o país. As principais recomendações da força-tarefa ao parlamento britânico foram as seguintes:

— a criação de lei que disponha sobre o crime de sequestro de animais domésticos;

- o reforço das investigações para solucionar o maior número possível de casos denunciados;
- o incremento dos registros dos animais e a criação de uma base de dados dos animais "microchipados";
- a promoção de campanhas de segurança, a fim de informar os tutores e também lembrá-los de que podem contar com a polícia.

O crime, como quase tudo na sociedade humana, segue tendências. Duas décadas atrás a polícia de São Paulo buscava conter a onda de assaltos a banco, que tantos prejuízos traziam aos clientes e às instituições financeiras. Hoje em dia, mal se escuta falar de agência bancária que foi alvo da ação de criminosos.

O aumento no número de cães raptados tem relação direta com a proeminência que os pets adquiriram, cada dia mais importantes na vida dos seus tutores. Os animais, na sua inocência, são portadores naturais da síndrome de Estocolmo (que é caracterizada pelo apego da vítima ao seu sequestrador). É fácil imaginar um cachorro raptado tentando brincar com o criminoso que exige dinheiro em troca da sua libertação. Sequestrar um cão ou gato é ação extremamente covarde, que merece das autoridades constituídas uma resposta com mão de ferro.

A violência que ronda as nossas cidades não poupa nada, nem mesmo cães e gatos. Façamos, então, a nossa parte. Temos de levar ao Congresso Nacional o apelo para que se preencha o vácuo legal hoje existente. A dignidade dos nossos animais tem de ser defendida, e aqueles delinquentes dispostos a usar da nossa relação de amor com os bichos para fazer dinheiro têm de pagar um preço alto por isso.

# A SOLUÇÃO HOLANDESA

"A diferença de um cão para um ser humano é que eu posso virar de costas e o meu cão jamais me atacará." (depoimento de um policial adestrador ao documentário *Moscow Police: Who If Not Us*?)[43]

— Desde 2016, a Polícia Civil do estado de São Paulo conta com uma delegacia especializada em proteção aos pets: é a Delegacia Eletrônica de Proteção Animal (DEPA).[44] Qualquer pessoa que tenha ciência de crime contra animal doméstico pode denunciar a ocorrência, sem sair de casa e de forma anônima. Trata-se de importante inovação na defesa da integridade e bem-estar dos animais.

— O boletim de ocorrência não é o único caminho para denunciar maus-tratos sofridos pelos pets. A região metropolitana de São Paulo tem à sua disposição, desde outubro de 2018, um disque-denúncia animal.[45] Através

---

43  MOSCOW POLICE: WHO IF NOT US? 2020. *Artel.doc*. Disponível em: https://en.arteldoc.tv/films/580-moscow-police-who-if-not-us. Acesso em: 18 abr. 2024.

44  SP CONTA COM DELEGACIA PARA INVESTIGAR MAUS-TRATOS A ANIMAIS. *Governo do Estado de São Paulo*, 5 abr. 2016. Disponível em: https://www.saopaulo.sp.gov.br/ultimas-noticias/sp-conta-com-delegacia-para-investigar-maus-tratos-a-animais/. Acesso em: 18 abr. 2024.

45  SAIBA COMO FUNCIONA O SERVIÇO DE DISQUE DENÚNCIA ANIMAL. *Governo do Estado de São Paulo*, 18 mar. 2019. Disponível em: https://www.saopaulo.sp.gov.br/ultimas-noticias/conheca-o-funcionamento-do-servico-de-disque-denuncia-animal/. Acesso em: 18 abr. 2024.

do número 0800-600-6428, a população de 39 cidades paulistas pode levar ao conhecimento das autoridades a ocorrência de episódios de violência contra animais, e equipes especializadas passam a cuidar do caso e tomar as providências cabíveis.
- A Lei n. 14.064/2020, batizada como Lei Sansão — uma homenagem ao cão vítima de maus-tratos que comoveu o Brasil em 2020 —, pode ser considerada um marco no combate à violência contra os animais domésticos: a legislação nacional passou a proteger cães e gatos de modo específico.

A Holanda é mundialmente conhecida, entre outros motivos, pela elevada estatura do seu povo, pelas tulipas e por seus grandes pintores. Há, também, a famosa "doença holandesa" — que nada mais é do que o efeito colateral da prosperidade trazida pela exploração de petróleo. O povo batavo pode vir a ser conhecido, algum dia, por um outro motivo, que se pode chamar de "solução holandesa".

Explico. O governo holandês criou, em 2010, a primeira polícia do mundo totalmente dedicada à proteção animal. Isso mesmo, um departamento policial que cuida única e exclusivamente dos bichos, o *dierenpolitie*.[46] O cachorro de rua está sofrendo maus-tratos? Basta discar 144 que lá vão os agentes da polícia animal resolver a situação. Um cão agressivo atacou outro animal? É assunto para a polícia especializada nos bichos cuidar. Denúncias envolvendo animais silvestres? *Dierenpolitie* neles.

---

46 SCHUETZE, Christopher F. When animals are at risk, Special Netherlands Police Force defends them. *The New York Times*, Jan. 29, 2018. Disponível em: https://www.nytimes.com/2018/01/29/world/europe/netherlands-animal-police.html. Acesso em: 18 abr. 2024.

Ao separar as ocorrências envolvendo animais das demais, o governo holandês liberou as forças de segurança regulares de uma grande quantidade de casos de menor gravidade, que agora podem ser tratados com mais atenção pelos oficiais especializados.

Os agentes da polícia animal recebem treinamento rigoroso, possuem sólidos conhecimentos sobre medicina veterinária e trazem um olhar mais apropriado para as ocorrências que atendem.

Aqui no Brasil o mais próximo que temos de uma polícia animal são os batalhões de policiamento florestal. A ideia holandesa, porém, tem como foco somente os animais (a polícia florestal cuida de fauna e flora), e abrange tanto pets quanto animais selvagens. Os holandeses optaram por uma polícia "dos animais" em vez de uma polícia "da natureza", ou seja, não combatem crimes ambientais como extração ilegal de madeira, queimadas, poluição de rio etc.

Numa era em que não há mais espaço para relativização dos crimes contra os bichos, os rigores da lei devem recair sobre aqueles que tratam com violência seres indefesos, e, nesse sentido, a criação da polícia animal holandesa é um exemplo notável de ação do poder público.

Imagino que a instituição de um corpo policial dedicado aos animais teria amplo apoio da população brasileira. Chego mesmo a pensar que um concurso para detetive da polícia animal seria altamente concorrido — os governadores de estado poderiam pensar com carinho na ideia.

É curioso notar que as forças de segurança pública mundo afora há séculos fazem uso de animais no combate ao crime — basta lembrar dos cavalos e cães policiais. Os humanos, portanto, se utilizam dos animais para garantir a própria segurança. Os holandeses fazem agora o caminho contrário e usam a capacidade humana para proteger os bichos. Palmas.

# A LEGISLAÇÃO PET MAIS AVANÇADA DO MUNDO

"A lei é uma *ordenação da razão para o bem comum*, promulgada por *aquele* a quem cabe *cuidar da comunidade*." (São Tomás de Aquino, santo católico)

Não são apenas os chocolates, os bancos e a paisagem que fazem da Suíça um país incrível. Genebra tem a legislação animal mais avançada do mundo. Traduzo a seguir a lei canina de Genebra, de 2011, e faço algumas observações em notas de rodapé.

**Lei Canina de 18 de março de 2011**[47]

O GRANDE CONSELHO da República e cantão de Genebra,
Tendo em conta a lei federal de proteção aos animais, de 16 de dezembro de 2005;
Tendo em conta a lei federal sobre epizootias, de 1º de julho de 1966;
Tendo em conta o artigo 178 C da Constituição da República e do Cantão de Genebra, de 24 de maio de 1847, decreta o seguinte:

---

47  RÉPUBLIQUE ET CANTON DE GENÈVE. *Loi sur les chiens (LChiens) (10531) du 18 mars 2011*. Disponível em: https://ge.ch/grandconseil/data/loisvotee/L10531.pdf. Acesso em: 18 abr. 2024.

## Capítulo I — Disposições gerais

### Artigo 1. Objetivo

O objetivo desta lei é regular as condições de criação, educação e manutenção dos cães, com vistas a:

a) garantir sua saúde e bem-estar de acordo com a legislação federal;

b) zelar pela segurança, saúde e tranquilidade públicas;

c) preservar a propriedade e o meio ambiente, em particular culturas, agricultura, animais, fauna e flora selvagens.

### Artigo 2. Informação e prevenção

O Estado, em colaboração com os municípios, garante a melhor informação possível para os proprietários de cães sobre os direitos e obrigações que são deles e também informa o público, especialmente as crianças, sobre os comportamentos apropriados a adotar em relação aos cães.[48]

### Artigo 3. Autoridades competentes

1. O departamento responsável pelos serviços ao consumidor e às empresas veterinárias (doravante: o departamento) é competente para a aplicação desta lei e colabora com outros departamentos interessados, bem como com as cidades.

2. Uma comissão consultiva sobre manejo de cães (doravante: a comissão), representando os círculos interessados, auxilia o departamento na execução das suas tarefas, notadamente no que diz respeito à definição das condições de acesso dos cães ao domínio público e ao estabelecimento da lista de cães perigosos.

---

48 Interessante notar que a lei prevê educação e conscientização dos cidadãos, "especialmente as crianças", o que demonstra especial preocupação dos legisladores com a formação das futuras gerações de tutores.

3. O departamento poderá submeter à comissão qualquer outro objeto abrangido por esta lei.

4. A composição e modo de funcionamento da comissão são fixados por regulamento.

### Capítulo II — Pecuária e comércio

**Artigo 4. Princípio**

A criação e o comércio devem ser realizados de acordo com as exigências da legislação federal, a fim de garantir a saúde e o bem-estar do animal, tanto fisiológica quanto psicologicamente, e garantir seu caráter equilibrado.

**Artigo 5. Criação**

1. É considerada criação qualquer produção de cães, voluntária ou não, com ou sem fins lucrativos, inclusive por pessoas físicas.

2. Qualquer criação deve ser comunicada ao departamento.

**Artigo 6. Criação profissional**

1. Qualquer produção de cães com fins lucrativos é considerada criação profissional.

2. Toda criação profissional está sujeita a autorização do departamento.

3. As condições para concessão de autorização são fixadas em regulamento e relacionam-se em particular com o conhecimento exigido do criador profissional e a exigência de locais adequados.

**Artigo 7. Identificação e registro do filhote**

1. O criador e o criador profissional devem ter seus filhotes identificados através de um chip eletrônico por um veterinário,

o mais tardar 3 meses após o nascimento e em todos os casos antes da entrega.

2. Os dados coletados deverão ser comunicados pelo médico-veterinário ao operador do banco de dados exigido pela legislação federal sobre epizootias (doravante: o banco de dados).

3. O operador do banco de dados é designado pelo Conselho de Estado.[49]

**Artigo 8. Comércio**

1. Por comércio entendemos a compra, venda, troca, bem como a corretagem profissional de cães.

2. Todo o comércio está sujeito a autorização do departamento, nos termos das condições estabelecidas pela legislação federal sobre a proteção de animais.

3. É proibido o comércio na via pública.

**Artigo 9. Transferência pelo criador e pelo comerciante**

1. Nenhum filhote pode ser vendido, trocado ou doado antes de atingir a idade de 56 dias.

2. Todos os criadores devem informar os compradores sobre as necessidades e cuidados do cão, fornecer-lhes as condições em que deve ser detido e lembrá-los das obrigações legais relacionadas. Os criadores profissionais e os comerciantes devem fornecer essas informações por escrito.

3. Antes de concluir a transação, qualquer criador, criador profissional ou comerciante tem a obrigação de verificar se o futuro titular:

---

[49] Todos os cães são registrados pelo governo suíço, objetivo que parece muito distante do quadro atual no Brasil.

- é maior de idade;
- possui certificado de conclusão do curso teórico ou comprovante de sua isenção emitida pelo departamento;
- não é objeto de uma decisão que proíba a detenção de um cão.[50]

## Capítulo III — Condições de detenção

**Artigo 10. Escopo**

1. Este capítulo rege as condições de detenção de todos os cães.

2. Os cães perigosos estão também sujeitos às disposições específicas do Capítulo IV.

**Artigo 11. Titular**

1. O dono é quem exerce o controle efetivo sobre o cão e tem o poder de decidir como é mantido, tratado e monitorado.

2. Menores de 18 anos não podem possuir cachorro.

**Artigo 12. Formação teórica do titular**

1. Qualquer pessoa que pretenda ter um cão deve, antes de adquiri-lo, realizar curso teórico, conforme definido pela legislação federal.

2. Esse curso só deve ser realizado uma vez pelo titular, quando da aquisição do primeiro cachorro.

3. É fornecido por um treinador de cães aprovado (doravante: treinador de cães) ou um veterinário autorizado.

4. Para ser aprovado, o treinador de cães deve ter recebido treinamento reconhecido pelo Serviço Veterinário Federal ou

---

50  O processo de compra de um cão na suíça é possivelmente o mais rigoroso do mundo.

outro treinamento reconhecido pelo departamento; o departamento mantém a lista de treinadores de cães.

5. Os treinadores de cães não são obrigados a seguir o curso teórico.

### Artigo 13. Treinamento prático para o titular

1. No prazo de 12 meses após a aquisição do cão, o proprietário deve acompanhar um curso prático, conforme definido pela legislação federal.

2. O curso prático deverá ser realizado com cada cão recém-adquirido.

3. É ensinado por um treinador de cães.

4. Os treinadores de cães não são obrigados a fazer o curso prático.

5. O departamento pode especificar por portaria a forma e o âmbito do curso de formação de modo a ter em conta a idade e a saúde do cão, bem como a experiência do titular.

6. O departamento pode conceder isenção para cães-guia de pessoas com deficiência, em caso de formação considerada equivalente.

### Artigo 14. Identificação e registro do cão

1. Todos os proprietários devem garantir que o seu cão seja identificado por meio de um chip eletrônico e registrado no banco de dados, de acordo com a legislação federal sobre epizootias.

2. Tomar, se necessário, as medidas necessárias para esse fim.

3. O titular deverá anunciar qualquer mudança de endereço e de titular e também a morte do animal, no prazo de 10 dias, à operadora do banco de dados.

**Artigo 15. Treinamento de cães**

1. O titular deve educar o seu cão, nomeadamente com vistas a garantir comportamento sociável ideal deste último, e para que não prejudique o público, nem os animais, nem o meio ambiente.

2. O treinamento de ataque é proibido, sujeito a disposições específicas relativas a cães de intervenção.

3. Por treinamento de ataque, queremos dizer treinamento de mordida e treinamento para o trabalho de defesa.[51]

**Artigo 16. Detenção do cachorro**

1. Todos os proprietários devem atender às necessidades do seu cão, de acordo com as exigências da lei federal de proteção animal, de 16 de dezembro de 2005, e o aconselhamento prestado pelo criador, pelo criador profissional ou pelo comerciante, treinador de cães e veterinário.

2. Ele é obrigado a ter sempre à sua disposição o equipamento apropriado para controlar seu cão, a ter um seguro de responsabilidade civil e a fornecer ao seu cachorro uma etiqueta indicando nome, endereço e telefone do titular.

3. De acordo com a lei geral sobre contribuições públicas, de 9 de novembro de 1887, o titular também deverá pagar imposto sobre os cães.

4. Para fins de emissão da marca de inspeção, que certifica a identificação do cão, o titular deverá apresentar os seguintes documentos:

a) certificado de seguro de responsabilidade civil;

---

51 Chama a atenção a preocupação das autoridades suíças com o longo prazo. A obrigatoriedade de treinamento para quem quiser adquirir um cão revela a sabedoria do legislador ao antecipar possíveis problemas que a falta de conhecimento sobre os animais pode acarretar aos seus tutores.

b) cartão de vacinação, incluindo a vacinação contra a raiva, válido;

c) certificado de conclusão do curso teórico ou comprovante de isenção emitido pelo departamento;

d) certificado de conclusão do curso prático ou comprovante de isenção emitido pelo departamento.

5. O departamento é competente para exigir a apresentação de documentos que não tenham sido entregues à autoridade responsável pela emissão da marca de controle; a colaboração entre essas autoridades é definida por regulamento.

6. O regulamento também designa a autoridade responsável pela emissão da marca de controle e o valor dos emolumentos que está autorizado a cobrar pelo controle dos documentos mencionados no parágrafo 4.[52]

**Artigo 17. Transferência do cachorro**

1. Em caso de transmissão, o proprietário e, se for o caso, o titular devem informar os compradores sobre as necessidades do cão e as condições nas quais ele deve ser detido.

2. Antes de concluir a transação, o proprietário tem a obrigação de verificar que o futuro titular:

- é maior de idade;
- possui certificado de conclusão do curso teórico ou comprovante de sua isenção emitido pelo departamento;
- não é objeto de decisão que proíba a detenção de um cão.

---

52  Para nós, brasileiros, ainda que acostumados à carga tributária elevada, soa estranha a ideia de cobrar imposto sobre os cachorros. Penso que dificilmente prosperaria no Brasil qualquer proposta legislativa nesse sentido.

### Artigo 18. Proteção do público, dos animais e do meio ambiente

*Suporte*

1. Todos os proprietários devem tomar as precauções necessárias para o seu cão não escapar, ferir, ameaçar ou perseguir o público e animais, nem causar danos ao meio ambiente, em particular às culturas, fauna e flora selvagens.[53]

*Ajudantes e passeadores de cães*

2. Estas obrigações aplicam-se também a qualquer pessoa a quem o titular confie seu cachorro.

3. Pessoas que passeiem com mais de três cães de propriedade de terceiros deverão ser autorizadas pelo departamento.

4. As condições dessa autorização são fixadas em regulamento e relacionam-se, em particular, com as condições pessoais a preencher e com a exigência de conhecimento das necessidades comportamentais dos cães.

### Artigo 19. Acesso ao domínio público, culturas e espaços naturais

1. O Conselho de Estado estabelece restrições gerais por regulamento ao acesso ao domínio público, às culturas e aos espaços naturais, necessários para garantir os objetivos perseguidos por esta lei.

2. O departamento, sob proposta dos municípios e após consulta à comissão, poderá estabelecer outros locais cujo acesso seja proibido ou sujeito a condição e estabelecer a lista de espaços de liberdade.

3. Por espaços de liberdade, queremos dizer lugares onde os cães podem passear durante todo o ano sem coleira sob o controle do acompanhante.

---

[53] Repare que a legislação prevê a responsabilização dos tutores de animais por danos à fauna e à flora.

4. O departamento garante a distribuição equitativa entre os locais aos quais o acesso é proibido ou sujeito a condições e espaços de liberdade, de modo a atender às necessidades da população e a satisfazer o bem-estar dos cães.

5. A lei da vida selvagem, de 7 de outubro de 1993, a lei das florestas, de 20 de maio de 1999, bem como a lei sobre a proteção dos monumentos, da natureza e dos sítios, de 4 de junho de 1976, estão reservadas.

**Artigo 20. Tranquilidade pública**
Todo dono de cachorro deve tomar os cuidados necessários para que ele não perturbe a tranquilidade pública com seus latidos ou uivos.[54]

**Artigo 21. Excrementos de cachorro**
1. É responsabilidade do proprietário evitar que seu cão polua patrimônio público, culturas e espaços naturais.

2. Ele deve, em particular, recolher os seus excrementos.

3. Os municípios disponibilizam aos titulares os meios necessário para coletar excrementos.

### Capítulo IV — Cães perigosos

**Seção 1 — Teste de domínio e comportamento**

**Artigo 22. Princípio**
1. Os cães perigosos devem passar por um teste de controle e comportamento (TMC):

---

54 Aspecto importantíssimo. As pessoas têm direito ao sossego, e o dono deve ser responsabilizado por latidos e uivos incessantes.

a) cães listados, de acordo com os artigos 23, parágrafos 2 e 3, e 24, parágrafo 2;

b) cães de grande porte, de acordo com o artigo 27;

c) cães de companhias de segurança, em conformidade com o artigo 30.

2. O teste de domínio e comportamento é organizado pelo departamento e pretende avaliar o comportamento dos cães, bem como a capacidade de seu titular para controlá-los em todas as circunstâncias.

3. A prova de domínio e comportamento poderá ser objeto de três tentativas. Na terceira falha, o departamento pode sequestrar o cão e decidir sobre seu destino.

4. O teste de domínio e comportamento é fornecido pelo departamento ou por um treinador de cães.

5. O departamento pode conceder isenção para cães-guia de pessoas com deficiência, em caso de formação considerada adequada.

## Seção 2 — Cães sujeitos a proibição

### Artigo 23. Cães listados

*Proibição*

1. Cães pertencentes às chamadas raças de ataque ou consideradas perigosas, cuja lista o Conselho de Estado elabora por via regulamentar, após consulta da comissão, bem como os cruzamentos resultantes de uma dessas raças, são proibidos no território do cantão.

*Isenção*

2. Esta proibição não se aplica aos cães presentes no território do cantão no momento do registro de sua raça na lista e que detenham uma autorização de detenção.

3. Em caso de modificação da lista, os titulares de cães listados recém-adquiridos devem obter uma autorização de detenção do departamento dentro de 12 meses após a entrada em vigor da proibição, nas seguintes condições cumulativas:

a) o cão deve ter sido adquirido de um criador ou de uma organização suíça de proteção animal;

b) o titular não deve ter sido alvo de qualquer sanção ou medida administrativa relativa a animais em território suíço;

c) o detentor deverá castrar ou esterilizar seu animal assim que este atingir os 7 meses de idade, salvo contraindicação médica devidamente comprovada e aprovada pelo departamento;

d) o titular deverá apresentar o certificado de conclusão com aproveitamento da prova de domínio e de comportamento;

e) o proprietário não pode manter outro cão em seu domicílio, independentemente de raça, tamanho ou peso, salvo concessão em contrário do departamento.

**Artigo 24. Regime para manter cães listados**

1. Na medida em que estejam sujeitos a autorização de detenção, os cães listados devem:

a) ser mantidos com trela e focinheira assim que saírem do domicílio do seu titular e inclusive em áreas de liberdade, exceto contraindicação médica devidamente comprovada e aprovada pelo departamento;

b) ser castrados ou esterilizados, salvo contraindicação médica devidamente comprovada e aprovada pelo departamento.

2. Os titulares devem passar no teste de domínio e proficiência no comportamento a cada ano.

3. Qualquer mudança de endereço, de titular, bem como falecimento e transferência do cão, deve ser anunciada pelo titular ao departamento no prazo de 10 dias. O roubo ou desaparecimento deve ser comunicado imediatamente.

4. Uma pessoa que deseje adquirir um cão listado autorizado de um terceiro deve obter nova autorização do departamento dentro de 3 meses após a aquisição, nas condições do artigo 23, parágrafo 3.

### Artigo 25. Cães treinados para atacar

Os cães treinados para atacar, na acepção do artigo 15, n. 3, são proibidos no território do cantão.

### Artigo 26. Cães exibindo comportamento agressivo ou perigoso

1. Entende-se que cães que exibem comportamento agressivo ou perigoso significam cães, de todas as raças combinadas, que atacaram ou feriram gravemente uma pessoa humana ou animal e cuja periculosidade comprovada seja constatada pelo departamento.

2. O departamento decide sobre a periculosidade ao final do procedimento de instrução previsto nesta lei.

3. Se for comprovada a periculosidade, o cão é proibido no território do cantão e sequestrado para eutanásia.

## Seção 3 — Cães de grande porte sujeitos a autorização

### Artigo 27. Cães grandes

São considerados um perigo potencial os cães de porte grande, de 56 centímetros na cernelha, e pesando mais de 25 quilos.

### Artigo 28. Autorização de detenção

1. Proprietários de cães de grande porte deverão submeter seu animal, antes de completar 18 meses, a um treinador de cães com o objetivo de passar no teste de domínio e comportamento.

2. O certificado de conclusão bem-sucedida do teste de domínio e comportamento é válido como autorização de detenção.

3. Qualquer mudança de endereço, de titular, bem como falecimento, transferência, roubo ou desaparecimento do cão deverão ser comunicados pelo proprietário ao departamento em 10 dias.

4. A pessoa que deseja adquirir um cachorro grande de terceiro autorizado e menor de 8 anos está vinculada às mesmas obrigações.

**Seção 4 — Cães de intervenção utilizados pela polícia e empresas de segurança**

**Artigo 29. Treinamento e retenção**

1. Somente instrutores de cães aprovados (doravante: instrutores de cães) são autorizados a ensinar cinologia a tratadores de cães de intervenção, à polícia e as empresas de segurança.

2. O departamento responsável pela polícia, em colaboração com o departamento, é competente para avaliar e reconhecer o treinamento de instrutores de cães.

3. O departamento de polícia mantém a lista dos treinadores de cães.

4. As disposições específicas relativas à formação e manutenção de cães usados pela polícia e empresas de segurança são reservados para o anexo.

**Artigo 30. Cães de empresas de segurança**

1. Os cães que tenham sido reprovados definitivamente no teste de aptidão exigido pelo acordo sobre empresas de segurança, de 18 de outubro de 1996, não poderão ser mais usados para essa atividade e devem passar no teste de domínio e comportamento fornecido pelo departamento.

2. Para os efeitos deste artigo, o ministério responsável pela polícia comunicará ao departamento todas as informações necessárias e em particular a lista de cães em formação, daqueles que foram reprovados definitivamente na prova de aptidão ou que não podem mais ser usados para essa atividade.

### Capítulo V — Cães perdidos

**Artigo 31. Definição**
São considerados vadios os cães não registrados no banco de dados e cuja identidade do titular não possa ser estabelecida.

**Artigo 32. Danos causados por cães vadios**
1. O Estado cobre os danos resultantes de lesões corporais ou danos materiais causados por cães perdidos no território do cantão.
2. O Estado só suporta os danos sofridos na medida em que as partes lesadas não são beneficiárias de cobertura de seguro suficiente (garantia subsidiária).
3. Se o responsável for posteriormente identificado, o Estado tem o direito de recurso contra ele e seu seguro.
4. A extensão da cobertura de danos é definida por regulamento, igual ao valor a ser cobrado dos proprietários de cães por financiar a garantia estatal. Esse valor é adicionado ao imposto arrecadado.

**Artigo 33. Anúncio**
1. O departamento, em colaboração com o departamento responsável pela polícia, é a autoridade competente, na acepção do Código Civil suíço, para receber declarações relativas a cães perdidos.
2. Essa competência poderá ser delegada a órgão de direito público ou privado.

## Capítulo VI — Banco de dados

### Artigo 34. Conteúdo e uso

1. A base de dados referida no artigo 7 contém informações relativas a todos os cães cujos donos sejam domiciliados no cantão.

2. Essa base de dados também serve como registro fiscal para efeitos de cobrança de impostos cantonais e municipais sobre cães.

### Artigo 35. Acesso aos dados

1. As autoridades responsáveis pela tributação e emissão da marca de controle, bem como policiais, guardas da vida selvagem e policiais municipais, podem obter a comunicação de dados contidos no banco de dados e explorá-los na medida necessária ao cumprimento de suas tarefas legais.

2. Mediante regulamento, o Conselho de Estado especifica nomeadamente:

   a) os dados que devem ser registrados no momento da identificação do cão e o conteúdo do banco de dados;

   b) procedimentos de identificação e registro;

   c) acesso e utilização de dados;

   d) as distribuição de responsabilidades das autoridades responsáveis pela operação do dados.

## Capítulo VII — Medidas e sanções

### Artigo 36. Obrigações de anúncio

1. É responsabilidade do titular comunicar ao departamento os casos de lesões graves a um ser humano ou animal causadas por seu cão e qualquer comportamento agressivo acima da norma.

2. Essa obrigação recai também sobre os agentes responsáveis pela aplicação da lei, órgãos, alfândegas, municípios, policiais municipais, guardas da vida selvagem, à classe médica, veterinários, responsáveis por abrigos ou instalações de hospedagem para animais e para educadores e monitores de cães para casos trazido à sua atenção; essa obrigação também recai sobre casos de maus-tratos levados ao seu conhecimento.

3. O titular notifica o departamento sobre danos às culturas ou à flora e animais selvagens, bem como ferimentos infligidos ao gado ou à vida selvagem.

### Artigo 37. Estabelecimento de infrações

Agentes responsáveis pela aplicação da lei e qualquer outro agente com mandato para garantir o cumprimento da lei e dos seus regulamentos de execução, em particular os policiais municipais e guardas da vida selvagem, são competentes para tomar as medidas necessárias para prevenir ou impedir os atos ilícitos e elaborar relatórios de contravenções.

### Artigo 38. Instrução

1. Ao receber uma denúncia, o departamento procede ao exame do processo de acordo com a lei sobre procedimento administrativo, de 12 de setembro de 1985.

2. Ele pode sequestrar imediatamente o animal e fazer uma avaliação geral ou recorrer a especialistas para avaliar o grau de perigo do cachorro, a expensas do dono.

3. No final do procedimento, o departamento decide e toma, se necessário, as medidas previstas nesta lei.

### Artigo 39. Medidas administrativas

1. Dependendo da gravidade dos fatos, o departamento poderá pronunciar-se e notificar aos interessados as seguintes medidas:

a) a obrigatoriedade de realização de cursos de adestramento de cães;

b) a obrigatoriedade do uso de focinheira;

c) a castração ou esterilização do cão;

d) o confinamento temporário ou permanente do cão;

e) a repulsão do cão cujo dono não seja domiciliado no território do cantão;

f) a eutanásia do cão;

g) a cassação da autorização de posse do cão;

h) a proibição da criação;

i) a retirada da autorização de comércio de cães ou criação profissional;

j) a cassação da autorização para exercício da atividade de passeador de cães;

k) o afastamento temporário ou definitivo do rol de treinadores de cães;

l) a proibição de ter cão.

2. Dependendo da gravidade dos fatos, o departamento responsável pela polícia poderá pronunciar e notificar o interessado do seu afastamento temporário ou definitivo da lista de instrutores de cães.

**Artigo 40. Disposições penais**

1. As violações desta lei e das suas disposições de implementação são sujeitas a multa, observadas as disposições penais contidas na lei federal de proteção aos animais, de 16 de dezembro de 2005.

2. A tentativa e a cumplicidade são puníveis.

**Artigo 41. Recurso**

1. Medidas proferidas nos termos desta lei ou de suas disposições de aplicação poderão ser objeto de recurso para a

Câmara Administrativa do Tribunal de Justiça, em conformidade com o artigo 132 da Lei da Organização Judicial, de 26 de setembro de 2010, e a lei do processo administrativo, de 12 de setembro de 1985.

2. O prazo para recurso das decisões do departamento é de 10 dias.

### Artigo 42. Taxas

1. O departamento recebe emolumentos de 100 francos a 5.000 francos por todas as suas autorizações, decisões, intervenções e controles, dependendo da complexidade e duração do exame do processo.

2. As autorizações só são emitidas mediante o pagamento de taxa.

### Capítulo VIII — Disposições finais e transitórias

### Artigo 43. Disposições de implementação

O Conselho de Estado emite as disposições necessárias à aplicação desta lei.

### Artigo 44. Relatório de atividades

O Conselho de Estado envia um relatório todos os anos ao Grande Conselho das atividades sobre a aplicação desta lei.

### Artigo 45. Cláusula revogatória

A lei sobre as condições de criação, educação e detenção de cães, de 1º de outubro de 2003, é revogada.

### Artigo 46. Entrada em vigor

O Conselho de Estado fixará a data de entrada em vigor desta lei.

**Artigo 47. Disposições transitórias**
*Curso teórico*
1. Não estão sujeitas à obrigação de frequência ao curso teórico pessoas que possuíam um cachorro antes de 1º de setembro de 2008 ou que são portadoras de um certificado emitido por um treinador de cães ou por um veterinário autorizado.
*Curso prático*
2. Pessoas que possuíam um cachorro antes de 1º de setembro de 2008 não são obrigadas a seguir o curso prático com esse cão.
*Certificados*
3. Certificados de conclusão do curso teórico e do curso prático ou a comprovação da isenção deverão ser apresentados à autoridade responsável pela entrega da marca de inspeção a partir de 2011.
*Cães grandes*
4. Proprietários de cães grandes com menos de 8 anos na época da entrada em vigor desta lei deverão obter autorização de detenção no ano seguinte à sua entrada em vigor.
5. Proprietários de cães grandes com mais de 8 anos na época da entrada em vigor desta lei não são obrigados a obter a autorização de detenção prevista no artigo 28 desta lei.

PARTE 2
# IDEAIS

# POR QUE UM SISTEMA ÚNICO DE SAÚDE ANIMAL?

"Um cão morrendo à míngua no portão do seu dono/ Prediz a ruína do estado." (William Blake, poeta inglês)

"Não há recursos para todos. Aos mais velhos, frágeis e doentes, resta a resignação com o destino que os aguarda. Abandonados à própria sorte, à míngua, devem aguardar o fim da vida, enquanto o frio e a fome competem para ver qual dos dois os domina primeiro. É assim desde sempre e assim sempre será."

Tenho pensado nessas palavras nos últimos dez anos. São reflexões que me vêm à mente ao lembrar do filme mais marcante que já vi na vida: *A balada de Narayama*, uma obra japonesa de 1958 sobre o mito de uma montanha onde os anciãos eram abandonados para morrer ao relento. Obra-prima do genial cineasta Keisuke Kinoshita, o filme conta a história da senhora Orin, que ao completar setenta anos deve ser abandonada no topo da montanha, seguindo a tradição do vilarejo onde vive.

O talento do mestre Kinoshita, somado à maravilhosa fotografia e às atuações singelas e delicadas, fazem desse filme uma experiência inesquecível, que provoca lágrimas, comoção e reflexões.

Fica a certeza: sem assistência e sem compaixão, resta a barbárie. A pobreza e o desalento destroem o edifício da civilização, tão arduamente erguido ao longo dos séculos.

Um dos poucos consensos políticos universais, aliás, é a ideia de que é preciso combater a miséria e todas as suas trágicas consequências. Daí por que há séculos as sociedades e os governos que as representam agem de conformidade com a noção de que a tarefa essencial do Estado é a promoção do bem-estar geral da população — e a criação dos sistemas de previdência e saúde pública dá prova disso.

Desde a Lei dos Pobres, promulgada na Inglaterra da Rainha Elizabeth I, em 1601, que estabeleceu as bases de um sistema de proteção social com asilos, orfanatos e distribuição de comida e roupas aos necessitados, às primeiras caixas de previdência, embrião da previdência social moderna, na Alemanha de Bismarck, em 1889, ao surgimento do National Health Service (NHS), o primeiro sistema de saúde pública universal do mundo, em 1948, a marcha da história tem demonstrado que o progresso das comunidades humanas — sobretudo nos campos econômico e científico — vem acompanhado da responsabilidade de ampliação da cobertura de assistência aos carentes.

A humanidade vem prosperando paulatinamente desde os primórdios, nas mais diferentes áreas. Tomemos o exemplo das duas dimensões mais importantes de todas: a **agricultura** e a **medicina**.

# O campo

Partamos de um fato: a produção de alimentos vem aumentando imensamente há décadas. Nada mais razoável, portanto, que parte dessa fartura seja destinada a alimentar os que têm fome mas não possuem recursos financeiros. Felizmente, é o que vem ocorrendo.

Apenas para que tenhamos uma noção de como as mesas estão cada vez mais fartas, durante a campanha à presidência dos Estados Unidos de 1932, o então candidato democrata, Franklin Roosevelt, derrotou o seu oponente, o então presidente republicano Herbert Hoover, acusando-o de não cumprir a promessa de "colocar um frango por semana na panela dos americanos"[55]. Há menos de cem anos, portanto, a nação mais rica do mundo tinha como meta a aquisição de um único frango por família a cada sete dias. Diante dos padrões atuais de consumo de alimentos, parece incrível — e é mesmo.

Apenas no período que vai de 1960 a 2023, a produção mundial de gêneros alimentícios cresceu monumentais 390%.[56] No Brasil, os dados são ainda mais impressionantes: 400% de aumento da produtividade agrícola entre 1975 e 2020.[57] Pesquisa

---

55 HAMILTON, David E. The political life of Herbert Hoover. *Brewminate.com*, Apr. 15, 2020. Disponível em: https://brewminate.com/the-political-life-of-herbert-hoover/. Acesso em: 18 abr. 2024.

56 SMYTH, Stuart. Global food production has increased 390 percent since 1960. Here's how farmers have done it. *Genetic Literacy Project*, July 17, 2023. Disponível em: https://geneticliteracyproject.org/2023/07/17/global-food-production-has-increased-390-percent-since-1960-heres-how-farmers-have-done-it/. Acesso em: 18 abr. 2024.

57 PRODUTIVIDADE NA AGRICULTURA BRASILEIRA CRESCEU 400% ENTRE 1975 E 2020. *Ipea*, 2 jun. 2022. Disponível em: https://www.ipea.gov.br/portal/categorias/45-todas-as-noticias/noticias/12394-produtividade-na-agricultura-brasileira-cresceu-400-entre-1975-e-2020. Acesso em: 8 maio 2024.

de 2016 do renomado Instituto Pew Research[58] aponta que o consumo médio de calorias dos cidadãos americanos em 2010 havia crescido 23% nas quatro décadas anteriores.

Evidentemente, não é possível afirmar que a prosperidade ocorreu em todas as partes do mundo, em igual medida, ou que todos os locais historicamente pobres prosperaram, mas nota-se uma melhora generalizada na oferta de comida — mesmo eventualmente em locais cuja produção agrícola estagnou ou até mesmo regrediu — em função da dinâmica de comércio internacional e do progresso dos sistemas de transporte.

Se é óbvio que infelizmente milhões de seres humanos passam fome mundo afora, também é correto dizer que nunca houve tamanho volume de doações destinadas, se não a resolver o problema, ao menos a minimizá-lo.

Tome-se o exemplo da organização Feeding American, segunda maior instituição de caridade dos Estados Unidos. Responsável por abastecer com doações mais de 600 mil estabelecimentos, como abrigos, escolas e asilos, em 2021 a Feeding chegou à espetacular marca de 6,6 bilhões[59] de refeições fornecidas a pessoas carentes, o equivalente a quase vinte refeições por cidadão norte-americano — um feito verdadeiramente notável.

---

58 DESILVER, Drew. What's on your table? How America's diet has changed over the decades. *Pew Research Center*, Dec. 13, 2016. Disponível em: https://www.pewresearch.org/short-reads/2016/12/13/whats-on-your-table-how-americas-diet-has-changed-over-the-decades/. Acesso em: 18 abr. 2024.

59 NEW FARMERS FEED AMERICA COALITION CALLS FOR A STRONG 2023 FARM BILL WITH ROBUST FUNDING FOR BOTH AGRICULTURE AND NUTRITION. *Feeding America*, Mar. 20, 2023. Disponível em: https://www.feedingamerica.org/about-us/press-room/new-farmers-feed-america-coalition-calls-strong-2023-farm-bill-robust-funding. Acesso em: 18 abr. 2024.

## Juramento de Hipócrates

Se as fronteiras da agricultura se abriram para um novo horizonte, outro grande exemplo de avanço de ser humano ocorreu no campo da medicina. Desde o século XIX, a humanidade assiste maravilhada às inovações que salvam, confortam e prolongam vidas: os anestésicos, os antibióticos, os instrumentos cirúrgicos, as técnicas cirúrgicas, as vacinas e por aí afora. A cada ano novas patentes, novos estudos e novos procedimentos surgem para dar qualidade de vida e esperança aos enfermos do mundo todo, que podem lutar e vencer cada dia mais doenças.

O reflexo direto do progresso médico se observa, entre outras coisas, na expectativa média de vida dos povos. Tomemos o nosso exemplo como ilustrativo: o brasileiro nascido em 1960[60] tinha expectativa de viver aproximadamente 52,5 anos, enquanto os nascidos em 2023[61] contam que chegarão aos 77 anos de idade. Países mais desenvolvidos, como a Coreia do Sul, registram números ainda mais notáveis: 83,6 anos de vida[62] é o que se espera que os sul-coreanos nascidos em 2023 viverão.

E mesmo em regiões do mundo tradicionalmente pobres as notícias são auspiciosas. Reportagem de 9 de março de 2023 do

---

[60] EM 2018, EXPECTATIVA DE VIDA ERA DE 76,3 ANOS. *Agência IBGE Notícias*, 28 nov. 2019. Disponível em: https://agenciadenoticias.ibge.gov.br/agencia-sala-de-imprensa/2013-agencia-de-noticias/releases/26104-em-2018-expectativa-de-vida-era-de-76-3--anos. Acesso em: 18 abr. 2024.

[61] EXPECTATIVA DE VIDA DO BRASILEIRO SOBE PARA 77 ANOS, DIZ IBGE. *Poder 360*, 25 nov. 2022. Disponível em: https://www.poder360.com.br/brasil/expectativa-de--vida-do-brasileiro-sobe-para-77-anos-diz-ibge/. Acesso em: 18 abr. 2024.

[62] JAEEUN Lee, S. Koreans' life expectancy higher than OECD average. *The Korea Herald*, July 23, 2023. Disponível em: https://www.koreaherald.com/view.php?ud=20230725000502. Acesso em: 18 abr. 2024.

jornal *The New York Times*[63] revela que o sucesso no combate a doenças como aids e tuberculose, somado à expansão de serviços essenciais, proporcionaram, nas últimas duas décadas, um aumento de dez anos na expectativa média de vida nos países da África subsaariana — o melhor resultado verificado pela Organização Mundial da Saúde (OMS) no período referido.

Não se pode ignorar, por outro lado, que o custo das inovações e procedimentos médicos é dos mais altos. Somente a combinação de investimentos pesadíssimos por parte de governos e empresas, incentivos fiscais e tratados internacionais possibilitou o florescimento da indústria da saúde que se observa nos dias de hoje. A medicina privada brilha na honrosa companhia dos sistemas de saúde pública, tendo estes o NHS britânico e o SUS brasileiro como as principais estrelas 100% gratuitas.

## A missão

Fica combinado, então, que, apesar dos pesares, nunca o campo foi tão farto e nunca houve tantos recursos para cuidar da nossa saúde e da saúde das nossas famílias. Aqui entra um aspecto fundamental: sou daqueles que pensam — aliás, eu e milhões de pessoas — que o conceito de família não se restringe a um coletivo de seres humanos ligados uns aos outros pela carga genética. Família, entendemos, inclui até mesmo parentes de outras espécies, particularmente os cães e os gatos. Contamos

---

63 NOLEN, Stephanie. African countries made huge gains in life expectancy. Now that could be erased. *The New York Times*, Mar. 9, 2023. Disponível em: https://www.nytimes.com/2023/03/09/health/africa-diabetes-hypertension-cancer.html. Acesso em: 18 abr. 2024.

com a cobertura que a língua portuguesa dá à nossa tese: o dicionário *Caldas Aulete* define a palavra "filho", entre outras coisas, como "expressão de carinho". Difícil imaginar uma relação que envolva mais afeto do que a de um "pai" ou "mãe" humana e seu filho canino ou felino, ou mesmo de outra espécie.

Aqueles que não possuem animais domésticos por não gostarem, ou simplesmente por não terem tido oportunidade, por vezes torcem o nariz para o uso de expressões como filho para se referir aos pets, alegam muitas vezes que os animais estão sendo personificados, e que vai contra a natureza deles tratá-los como se fossem gente. Têm alguma razão nas suas alegações. Mas quem tem um cão ou gato sabe que "filho" é a única expressão que descreve adequadamente o papel deles em nossas vidas. "Tutor", "dono", "cuidador" e outros termos técnicos, frios, protocolares, cabem em leis, em manuais, em enciclopédias, mas jamais na vivência do sentimento entre um ser humano e o seu companheiro animal.

Digo, então, que a melhora nas condições de vida dos seres humanos deve se estender, por obrigação moral, aos bichos que com eles partilham suas vidas. Cães e gatos que moram dentro de casa não podem ser tratados como meros objetos ou mesmo como vidas de segunda classe. Se a atual configuração da sociedade promoveu os pets a uma posição superior àquela a que estavam acostumados, é preciso repensar o tratamento que se deve dispensar à saúde desses seres.

Os animais carentes dependem da boa vontade de quem os vir machucados e tiver disposição e condições de levá-los a uma instituição que possa atendê-los. Os cães e gatos de rua dependem da filantropia, assim como os seres humanos de cinco séculos atrás dependiam das santas casas de misericórdia para não morrer à míngua.

O problema é que a compaixão, a caridade e os donativos angariados por milhares de cidadãos generosos não são suficientes para fazer frente ao desafio com o qual nos deparamos agora. O Brasil possui quase 150 milhões de cães e gatos, o que dá aproximadamente três pets para cada quatro pessoas. E o que dizer dos tutores humildes, que têm de optar entre comer ou dar de comer aos bichos que por vezes são o único amor que têm na vida? E das pessoas em situação de rua, impotentes diante do sofrimento dos seus grandes companheiros?

O panorama atual é inadmissível. A necessidade de enfrentar o drama da saúde animal nos coloca a possibilidade de produzir uma inovação institucional que certamente nascerá em algum lugar do mundo em breve. Se nos omitirmos agora, num futuro nem tão distante aplaudiremos a capacidade de inovação dos noruegueses, ou a compaixão dos canadenses, ou a criatividade dos japoneses, que proporão uma solução ao problema com o qual nos deparamos.

Tenho absoluta certeza de que surgirá, em algum país, em algum momento, um sistema público de saúde para os bichos. Eu pergunto: não seria melhor que o povo brasileiro liderasse uma luta que faz jus ao seu *ethos*, em vez de receber um modelo pronto e acabado de algum país de primeiro mundo e aplaudir o pioneirismo e a coragem dos nossos irmãos estrangeiros?

Outra pergunta: não seria um imenso orgulho para nós, brasileiros, mostrar ao mundo uma solução para o problema dos animais desassistidos? Sentimentalismo à parte, o Brasil é mundialmente conhecido pela hospitalidade e pelo temperamento carinhoso da sua gente. É chegado o momento de aplicar essas qualidades aos desafios modernos que se colocam diante de nós.

Em 1990 a Anistia Internacional fez uma campanha em nosso país para incentivar a população a participar do processo político e votar. Dizia o slogan da campanha: "Nesta eleição você não é mais um; você é um a mais". Esse é o espírito do projeto que apresento ao leitor destas páginas: ser um a mais a somar a sua voz à minha na defesa da criação de uma instituição que pede para nascer. O dever nos chama à ação. O desafio, ainda que grandioso, não nos intimidará. Modéstia à parte, somos brasileiros.

# ABE & NYE

"Boas ideias são a espinha dorsal do bom governo."
(Brian Schweitzer, político norte-americano)

Abraham Lincoln, o famoso presidente norte-americano, é o pai do Ministério da Agricultura de seu país. Aneurin Bevan (conhecido carinhosamente como "Nye"), o radical parlamentar trabalhista, é o patrono do National Health Service, ou NHS para os íntimos, que nada mais é do que o SUS britânico — ou melhor, verdade seja dita, o SUS é o NHS brasileiro, uma vez que o nosso sistema foi inspirado no da terra da Rainha, e não o contrário.

O americano Lincoln é um ídolo (O ídolo) conservador há um século e meio; Bevan, natural do País de Gales, foi um verdadeiro Hércules da esquerda internacional no século XX. O primeiro era sereno, conciliador, esguio e esquisito, praticamente o exato oposto do segundo, que por sua vez cativava pela beleza, charme e energia, e dividia opiniões com seu estilo provocador e briguento. Duas figuras completamente diferentes que foram, cada uma a seu tempo e modo, responsáveis por inovações tão profundas e abrangentes que chega a ser difícil imaginar o mundo sem as instituições que criaram.

Tanto o presidente norte-americano quanto o deputado britânico souberam se utilizar do aparelho de Estado para oferecer à população as respostas exigidas pelo espírito da época em que viveram. A revolução agrícola e a explosão de prosperidade que se seguiram à guerra civil americana têm no ministério criado por Lincoln a sua pedra fundamental. Não fossem a perseverança e a criatividade do radical Nye Bevan, ministro da saúde do governo de Clement Attlee, primeiro-ministro britânico entre 1946 e 1951, milhões de seres humanos teriam morrido à míngua, sem acesso à assistência médica apropriada.

De tão essenciais, os organismos de agricultura e saúde pública parecem existir desde sempre, mas não nos enganemos: obras políticas que são, existem por força do trabalho e da capacidade de convencimento dos seus criadores. Napoleão disse certa vez: "Homens-cometa aparecem para iluminar os séculos com seu brilho". Os séculos XIX e XX foram intensamente iluminados, e boa parte da luz emanou de Abraham Lincoln e Aneurin Bevan.

Vejamos como vieram à luz o Ministério da Agricultura norte-americano e o Serviço Nacional de Saúde inglês.

## Abraham Lincoln

"Gênio é o bom senso levado às últimas consequências"
(Millôr Fernandes, escritor brasileiro).

Peço desculpas, estimado leitor, mas não usarei as linhas a seguir para discorrer sobre a vida daquele que foi (e ainda é) um dos personagens mais fascinantes da história mundial. Não abordarei a infância de um menino paupérrimo, que cresceu experimentando castigos físicos e trabalhos forçados. Não tratarei da carreira do advogado autodidata que impressionava juízes e jurados pela oratória brilhante e criatividade sem par. Não falarei a respeito do jovem político e sua enorme resiliência, de sua capacidade de seguir em frente mesmo diante de derrotas acachapantes. Nada direi sobre o mestre dos bastidores, sobre como foi eleito presidente numa eleição em que qualquer resultado seria trágico, sobre como realizou a sua missão divina e conquistou um lugar definitivo no panteão dos gigantes da história. Abordarei aqui uma única ação de Lincoln: a assinatura de uma lei, em 15 de maio de 1862, que mudaria a história dos Estados Unidos — e do mundo — para sempre com a criação do Ministério da Agricultura.

O grande abolicionista — que foi também um ardoroso incentivador do comércio, da educação e da ciência — legou à humanidade muito mais do que o exemplo moral. Lincoln deixou à posteridade um legado de criatividade e inovação sem paralelo — acima de tudo nas instituições políticas.

## O contexto do texto

Os anos que antecederam a chegada de Lincoln à Casa Branca foram riquíssimos em termos de descobertas científicas e inovações tecnológicas — não é por acaso que o século XIX é considerado a era dos inventores. A criação da ceifadeira mecânica, em 1831, obra do fazendeiro Cyrus McCormick, transformou a agricultura, uma vez que o potencial de trabalho de um camponês foi multiplicado por oito. O impacto da invenção de McCormick foi tão profundo que há quem defenda que a Guerra Civil Americana só foi vencida pelas forças da União graças ao aumento de produtividade no campo, que liberou os trabalhadores — que antes seriam imprescindíveis às colheitas — para servir ao exército federal.

Em 1834, o inventor Hiram Moore patenteou a colheitadeira, máquina que daria origem ao trator agrícola décadas depois. Por sua vez, 1837 foi o ano em que um ferreiro chamado John Deere, utilizando um pedaço de serra quebrada, revolucionou o processo de semeadura ao produzir um arado de aço, muito mais eficaz do que os arados de madeira utilizados por séculos. As técnicas de fertilização artificial, desenvolvidas pelo químico alemão Justus von Liebig, em 1839, completam o rol de novidades que abriram o horizonte da produção de alimentos para uma nova era.

Foi diante desse pano de fundo, de rápidas e profundas modificações, que a América de Lincoln testemunhou o esgotamento do sistema político que durava desde a fundação do país, no século XVIII. As novas forças produtivas, aliadas ao comércio cada vez mais dinâmico, e as comunicações e transportes, que melhoravam a cada ano, forçaram o estamento político a repensar não só o papel do Estado como também a relação deste com o mercado e a sociedade de modo geral. A nação fervilhava em potencial, havia crescido até o limite do arranjo então em vigor, e chegara a hora de inaugurar um novo tempo.

## O idealista no poder e o poder do idealista

Abraham Lincoln assume a presidência em 4 de março de 1861. As feridas de uma eleição incrivelmente tumultuada não cicatrizaram, e um vulcão de animosidade entra em erupção. Os estados do sul iniciam uma rebelião contra o governo central, o país se divide entre unionistas e confederados.

Em meio ao conflito que ameaçava implodir a jovem e maravilhosa nação, Lincoln lançaria mão dos seus talentos como gestor e promoveria uma revolução administrativa mesmo com o país à beira da secessão. A nação, ainda que em guerra, não poderia parar. Cerca de metade dos americanos morava no campo, e qualquer pauta de desenvolvimento econômico teria de tratar a agricultura como peça fundamental.

Até o ano de 1862, o homem do campo era tratado com pouca atenção pela administração pública norte-americana.

A repartição federal encarregada dos assuntos relativos à produção agrícola era uma pequena divisão com apenas 38 funcionários[64], instalada no porão do escritório nacional de patentes. Ao tomar pé da organização do Estado, a nova administração resolveu agir e enviou ao Congresso um projeto de lei estruturando um órgão responsável por apoiar tanto o produtor rural quanto a sua produção.

Como primeiro comissário da pasta, foi escolhido o agrônomo Isaac Newton, que estabeleceu como diretrizes da secretaria a divulgação de informações de utilidade aos produtores, o incentivo à pesquisa e a educação voltada ao agronegócio. Pela primeira vez na história do país haveria um órgão encarregado de entabular estatísticas a respeito da produção das fazendas. A ciência seria chamada a acudir as lavouras, uma cultura de adaptação dos tipos de plantio ao solo e ao clima ganharia fundamentação técnica e acompanhamento acadêmico.

Foi nesse contexto que o Congresso americano aprovou o Morrill Act,[65] uma lei batizada em homenagem ao deputado Justin S. Morrill, autor da proposta, que previa a transferência de lotes de 12.140 hectares da União aos estados — sendo que o número de lotes dependeria da quantidade de deputados por estado. As terras deveriam então ser vendidas e o dinheiro angariado serviria para abastecer um fundo destinado a financiar centros de pesquisa em agricultura e engenharia.

Os frutos do Morrill Act falam por si: nada menos do que 69 escolas foram fundadas no âmbito do projeto, dentre as quais

---

64 THE AGRICULTURAL RESEARCH SERVICE: A HISTORY OF INNOVATION. *USDA Tellus*, [s.d.]. Disponível em: https://tellus.ars.usda.gov/stories/articles/agricultural-research-service-history-innovation. Acesso em: 18 abr. 2024.

65 LAND-GRANT COLLEGE ACT OF 1862. *Britannica*, [s.d.]. Disponível em: https://www.britannica.com/topic/Land-Grant-College-Act-of-1862. Acesso em: 18 abr. 2024.

se destacam algumas que viriam a se transformar nas melhores universidades dos Estados Unidos, como as universidades do Illinois, Cornell e Ohio State University.

Lincoln se certificou de preencher os cargos do Ministério da Agricultura com os melhores técnicos disponíveis. Para a superintendência de culturas experimentais — cargo fundamental no organograma do ministério —, o escolhido foi um renomado expert em horticultura, William Saunders. Durante os 38 anos (1862-1900) em que permaneceu no cargo, Saunders foi o responsável por uma revolução agrícola sem precedentes na história mundial com a introdução de centenas de novas plantas em solo americano, incluindo variedades de frutas como laranja, maçã e caqui.[66] Não seria exagero dizer que a pujante indústria da laranja no estado da Califórnia, responsável pelo desenvolvimento do estado no século passado e pela consequente transformação da costa oeste americana num dínamo de prosperidade sem igual, teve a sua pedra fundamental lançada pelo visionário William Saunders.

Lincoln costumava se referir ao Ministério da Agricultura como o "departamento do povo". Se a abolição da escravidão foi a sua grande obra moral, o Ministério da Agricultura foi o empreendimento social e econômico que o maior presidente da história deixou para a posteridade.

---

66 WILLIAM SAUNDERS: A MONUMENTAL FIGURE IN USDA. *USDA – United States Department of Agriculture*, [s.d.]. Disponível em: https://agresearchmag.ars.usda.gov/2013/sep/saunders/. Acesso em: 18 abr. 2024.

# NYE BEVAN

"Gênio é quem enxerga o óbvio."
(Nelson Rodrigues, escritor brasileiro)

Domingo, 4 de julho de 1948. A sra. Edna, que passou as últimas 18 horas em trabalho de parto, está prestes a dar à luz. O relógio marca quase meia-noite. Os médicos e enfermeiras, que normalmente estimulam as gestantes a fazer força para trazer o bebê ao mundo, têm um pedido inusitado a fazer à parturiente: que segure dentro de si a criança por mais alguns instantes. Edna respira fundo e atende ao apelo dos profissionais. Minutos depois, é chegada a hora: uma linda menina anuncia a sua chegada ao mundo num choro que ecoaria pela história: trata-se do primeiro parto — e primeiro atendimento médico[67] — da história do NHS, ou National Health Service, o sistema público de saúde do Reino Unido, que acabara de entrar em funcionamento em 5 de julho. Em sincronia sublime, nasceu a vida e um sistema dedicado a protegê-la. Para batizar a criança, um nome tão improvável quanto a ocasião — Aneira, uma homenagem ao então ministro da saúde, Aneurin Bevan, patrono do NHS.

Histórias assim são caprichos de Deus, que as escreve belas demais para a ficção. Aneira nasceu com o NHS, e viria a ser salva por ele nada menos do que oito vezes ao longo de sua vida.

---

[67] THOMAS, Aneira. "I was the first baby delivered by the NHS. It has saved my life eight times." *The Guardian*, 17 Sept. 2017. Disponível em: https://www.theguardian.com/society/2017/sep/16/first-baby-born-under-nhs-national-health-service-aneurin-bevan. Acesso em: 18 abr. 2024.

## As origens

Tredegar, no final do século XIX, era uma típica cidade operária do País de Gales. Pobreza, fuligem, camaradagem e paixão política davam a tônica do lugar. Foi nessa localidade que Aneurin Bevan veio ao mundo em 15 de novembro 1897, numa modesta residência onde viveria com outros seis irmãos e irmãs, além dos pais, David e Phoebe.

A vida era dura. Noventa por cento da população de Tredegar vivia do trabalho em minas de carvão, e a pobreza estava por toda parte. "Eu venho de uma família grande, na minha infância era possível saber qual era o dia da semana pelo que aparecia no nosso prato; ao final da semana a refeição era sempre mais magra do que no começo", contaria Bevan anos depois.[68]

Se os recursos eram escassos de um lado, de outro a comunidade vibrante e a religiosidade geravam um caldo de cultura riquíssimo. Inquieto e destemido, o jovem Aneurin meteu-se em encrencas desde cedo. A primeira grande confusão veio quando decidiu tomar as dores de um colega injustiçado e arremessou um tinteiro contra o diretor do colégio onde estudava, o Sir Howe School. Após esse episódio de rebeldia e agressividade, Bevan decidiu abandonar a escola — mas nunca os estudos, pois continuaria a frequentar assiduamente a biblioteca municipal para ler tudo que conseguisse.

Aos treze anos, arrumou emprego na mesma empresa em que o pai trabalhava, a Tredegar Mining Company, que respondia por 90% dos postos de trabalho da cidade. Do trabalho para o sindicalismo foi um pulo, e aos dezenove Aneurin Bevan tornou-se a mais jovem liderança da história da federação dos

---

[68] Registrado no documentário The NHS: *A Difficult Beginning* (2011). Disponível em: https://www.youtube.com/watch?v=-ywP8wjfOx4. Acesso em: 18 abr. 2024.

trabalhadores das minas do sul do País de Gales. Aos 21, foi agraciado com uma bolsa de estudos do Central Labour College de Londres, uma instituição de ensino ligada ao Partido Trabalhista e aos sindicatos de trabalhadores do Reino Unido.

Regressou dos estudos para sua terra natal e formou um grupo de ação política que o elegeria vereador e, posteriormente, membro do Parlamento britânico.

## O galo de briga

O ano era 1929. Bevan, aos 31 anos, estreia em Westminster, sede do Legislativo britânico. Logo de cara o jovem radical se destaca entre seus pares e na opinião pública ao denunciar a pobreza — com a autoridade de quem a conheceu intimamente —, os cartéis e o abandono das comunidades afastadas. No seu batismo de fogo, compra briga com ninguém menos que o ex-primeiro-ministro Lloyd George, seu conterrâneo galês, considerado um vulto político.

Gago, Bevan aperfeiçoaria sua oratória usando uma técnica nada convencional. Diante de rebanhos de ovelhas pelos campos de sua Tredegar natal, Nye faria longos e sofisticados discursos, e contaria com o feedback da plateia para corrigir sua performance: quando a maior parte dos animais se afastava, era sinal de que o orador precisava melhorar. E a estratégia parece ter dado certo, pois não foram poucos os analistas e políticos que o classificavam entre os grandes oradores do seu tempo.

Foram dezesseis anos de intensa atividade legislativa, incontáveis discursos e polêmicas, até chegar a grande oportunidade de ação. Em 1945, terminada a Segunda Guerra Mundial, um público ávido por um novo tempo de paz e prosperidade coloca o Partido Trabalhista no poder. Num gesto tão surpreendente quanto ousado, Clement Attlee, o novo primeiro-ministro, escolhe Nye Bevan para ocupar o posto de ministro da saúde com a incumbência nada modesta de organizar um sistema capaz de atender toda a população, gratuitamente.

## A ideia

Bevan buscou inspiração para a missão como ministro no seu passado como mineiro. O modelo criado pela Workmen's Medical Aid Society, cooperativa médica fundada pelos trabalhadores de minas da cidade de Tredegar para oferecer assistência aos seus membros, seria o exemplo pronto e acabado de sistema de saúde coletivo que o ministro buscava de molde para o seu serviço nacional de saúde.

Em meados da década de 1940 a Workmen's garantia cobertura a 22.800 pessoas (quando a população de Tredegar era de aproximadamente 24 mil)[69], uma façanha notável até mesmo para os padrões atuais de cobertura médico-hospitalar. Um documento de 98 páginas, descrevendo a organização dos serviços e o papel a ser desempenhado em cada nível de governo, as fontes de financiamento e a participação da sociedade no sistema, foi o resultado de incansáveis horas de trabalho de Bevan e sua equipe. A população recebeu com entusiasmo o projeto de lei, e pelas ruas só se falava nisso. O otimismo ganhava corpo na opinião pública.

---

69 THOMAS, Kim. Why the South Wales town that forged the NHS now points to its future. *The Guardian*, 22 May 2018. Disponível em: https://www.theguardian.com/healthcare-network/2018/may/22/south-wales-town-forged-nhs-points-future-tredegar. Acesso em: 18 abr. 2024.

## A classe médica se opõe

A boa-fé de Bevan e a qualidade do projeto que apresentou à nação não seriam suficientes para transformar o sistema público de saúde em unanimidade. Havia uma categoria que não estava convencida nem da viabilidade nem das boas intenções do governo britânico: os médicos. Representados pela poderosa British Medical Association (BMA), os doutores temiam perder a liberdade que a prática privada da medicina lhes garantia. Pensavam que um serviço público que concentrasse os profissionais mais respeitados da sociedade sob sua égide teria poderes demasiados. E havia ainda o temor da perda de qualidade de vida dos profissionais, que imaginavam ter de trocar os respeitáveis consultórios por magros salários após turnos exaustivos de trabalho em condições precárias.

A oposição das entidades médicas foi tão feroz que o ministro da saúde precisou apresentar o projeto de lei que criava o Serviço Nacional de Saúde quatro vezes, até conseguir a leitura do texto no plenário da Câmara dos Comuns (o equivalente inglês à nossa Câmara dos Deputados). Finalmente, em 6 de novembro de 1946, a lei que criou o NHS era sancionada pelo Rei.

Depois de muitas idas e vindas, o dia 5 de julho de 1948 foi definido como data inaugural do sistema. Os desafios, porém, estavam longe de acabar.

## Você não gosta de mim, mas o seu médico gosta

Bevan cedeu em tudo que pôde a fim de conquistar a confiança dos médicos britânicos: garantiu que poderiam manter seus consultórios privados, prometeu pesados investimentos na infraestrutura do sistema e apelou para que colocassem as necessidades dos pacientes acima de qualquer outra consideração. Conquistou apenas uma pequena parte da categoria. Muitos permaneciam unidos na oposição total ao projeto e colocavam em risco a sua implantação, tamanha a determinação que ostentavam. O resultado de uma pesquisa feita pela BMA, divulgado em 18 de fevereiro de 1948, era devastador para os planos do ministro da saúde: 85% dos associados responderam que não trabalhariam no Sistema Nacional de Saúde.

Num momento em que a oposição ensaiava pedir a cabeça de Bevan, um alento: pesquisa Gallup revelava que apenas 13% da população se opunha à proposta do governo. A saúde pública era claramente um anseio popular. Faltava conquistar a imprescindível confiança da classe médica, sem a qual não haveria como operar um serviço nacional.

Bevan, num lance de extrema ousadia, decide bater à porta de Lord Moran, médico pessoal do lendário Winston Churchill, seu inimigo político número um e que o havia apelidado jocosamente de "o ministro da doença". Presidente do Royal College of Physicians, Lord Moran era uma das vozes mais respeitadas do Reino Unido e seus pareceres eram tratados como verdadeiros mandamentos. A ideia de Bevan era trazer para o seu lado o símbolo da aristocracia médica na esperança de que o restante da categoria o acompanhasse.

A oferta apresentada era tentadora: o Ministério da Saúde apoiaria financeiramente os hospitais filantrópicos e permitiria aos doutores que mantivessem suas clínicas particulares com absoluta flexibilidade; em troca, os profissionais deporiam armas e embarcariam na iniciativa do Ministério da Saúde.

Deu certo. Os diretores de hospitais de caridade compunham a classe dos *consultants*, médicos que gozavam de enorme prestígio entre seus pares e, diante da possibilidade de verem as suas necessidades finalmente atendidas com um precioso reforço de caixa, entraram de corpo e alma na campanha pela criação do sistema público de saúde. Com o papa e os cardeais de jaleco ao seu lado, Aneurin Bevan finalmente teria o caminho livre para a realização do seu grande sonho.

## Nasce o NHS

A cinco semanas da inauguração do sistema, o cenário, apesar do otimismo crescente, era no mínimo desafiador. No governo a tensão era palpável. A infraestrutura inicialmente à disposição seria apenas uma parte do que seria necessário para absorver a demanda — que já se projetava alta.

Uma campanha emergencial foi lançada pelo Ministério da Saúde a fim de recrutar 30 mil enfermeiras para atuar nos 400 mil leitos de hospitais e clínicas da nova rede pública.[70] No parlamento, crescia o temor de um início caótico do sistema de saúde. Uma cruzada que havia durado dois anos chegava ao fim com a vitória dos apoiadores do programa social mais ambicioso da história mundial.

O Reino Unido amanhece ansioso em 5 de julho de 1948. A pergunta que ronda a cabeça de todo cidadão bem-informado é a mesma: será que o NHS vai funcionar? Desde os primeiros minutos do dia, doentes e curiosos formam filas nos centros médicos. Cidadãos telefonam para os hospitais para confirmar se podem mesmo passar por uma consulta com um médico e não pagar nada na saída.

A apreensão dos primeiros usuários vai dando lugar a uma sensação de conforto e acolhimento nunca antes sentida.

---

70 Registrado no documentário *The NHS: A Difficult Beginning* (2011). Disponível em: https://www.youtube.com/watch?v=-ywP8wjfOx4. Acesso em: 18 abr. 2024.

O ministro da saúde sai a campo para ver sua criação, e o resultado da visita ao hospital Trafford Park, na cidade de Manchester, é uma fotografia que entraria para história como a síntese do NHS: num gesto simbólico, Bevan, ao lado de uma enfermeira sorridente, pousa a mão direita carinhosamente sobre a cabeça da pequena Sylvia Diggory, uma criança acamada que entraria para história como paciente-símbolo do sistema de saúde. A maior instituição política do século XX acabava de ser inaugurada.

O próprio Bevan registraria com perfeição o momento: "O sistema de saúde nasceu numa atmosfera de atritos, de controvérsias, de dúvidas e grandes esperanças. Houve no passado uma enorme dose de sofrimento silencioso, uma enorme dose de dores remediáveis, mas eu creio que no Reino Unido nós fizemos uma grande inovação".[71]

A pequena Sylvia ao lado de Bevan, seu herói.
Fonte: https://www.manchestereveningnews.co.uk/news/
greater-manchester-news/how-nhs-born-
-greater-manchester-27236238.

---

71 Registrado no documentário *The NHS: A Difficult Beginning* (2011). Disponível em: https://www.youtube.com/watch?v=-ywP8wjf0x4. Acesso em: 18 abr. 2024.

Os séculos XIX e XX testemunharam o surgimento de duas entidades políticas que mudariam o rumo da humanidade: respectivamente, o Ministério da Agricultura dos Estados Unidos e o NHS britânico. Decorrido um quarto do século XXI, ainda não surgiu uma nova instituição inovadora e relevante a ponto de marcar época. O Brasil pode dar ao mundo o órgão do século na forma de um **Sistema Único de Saúde Animal**.

# O SUS ANIMAL NA PRÁTICA

"Dentre as formas de desigualdade, a injustiça no acesso à assistência médica é a mais desumana e chocante de todas."
(Martin Luther King Jr., pastor e político norte-americano)

## O parto de um gigante

Sempre que a sociedade se vê diante de um grande desafio, convém procurar na história os precedentes que possam iluminar os passos daqueles a quem cabe propor soluções. Assim, o projeto de criação de um Sistema Único de Saúde Animal haveria de tomar como ponto de partida experiências análogas do passado.

Lamentavelmente, não há registro de nada que se pareça com uma rede nacional de atendimento médico-veterinário a cargo do Estado, e por conseguinte não há receita ou modelo pronto e acabado a seguir. Existe, contudo, uma experiência que pode servir de inspiração ao nosso sonho: a criação do SUS.

A universalização da saúde no Brasil já vinha sendo discutida desde a década de 1970, mas foi somente na 8ª Conferência Nacional de Saúde, realizada entre 17 e 21 de março de 1986, em Brasília, que o Sistema Único de Saúde ganhou forma.

Foram cinco dias de reuniões, debates e plenárias no ginásio Nilson Nelson, que recebeu acadêmicos, médicos, políticos e sociedade civil para um amplo diálogo do qual emergiria uma visão para o futuro da assistência médica no Brasil, registrada num relatório que ficaria marcado como o documento fundacional do nosso Sistema Único de Saúde.

A criação do SUS Animal, penso, poderia seguir o mesmo protocolo. Uma ampla conferência que inclua a presença de médicos-veterinários, juristas, economistas, militantes da causa animal e cidadãos interessados, entre outros, e que agregue propostas inovadoras, projetos de lei que versem sobre bem-estar e saúde animal em tramitação no Congresso Nacional, além de sugestões e ideias da população, seria o caminho mais seguro e mais democrático para chegar a uma fórmula que concilie o que é necessário fazer com o que é possível despender.

É o encaminhamento que sugiro, portanto: um encontro nacional, aberto ao público, transparente, para formular as linhas gerais de um projeto de sistema nacional de saúde pública para os pets. A tarefa que se coloca diante de nós, brasileiros, é descomunal, mas a nossa sociedade está à altura dela — e disso eu tenho absoluta convicção.

## Um modelo possível

Nada obstante a sugestão que deixo acima, gostaria de apresentar um esboço de como o sistema de saúde animal poderia funcionar. Cabe frisar que se trata apenas de um apanhado de sugestões, que poderão ser melhoradas, modificadas ou eventualmente desconsideradas. O importante é fomentar o debate, reunir propostas viáveis e acumular o máximo de boas ideias que pudermos.

## Uma definição

Comecemos pelo princípio. O que seria um sistema de saúde? Segundo definição do centro de excelência do escritório nacional de pesquisa econômica dos Estados Unidos (NBER), sistema de saúde é um grupo de organizações de saúde conjuntamente gerenciados. Um sistema de saúde pode incluir hospitais, ambulatórios, fábricas de próteses, medicamentos e hemoderivados, centros de reabilitação etc.

## Esferas de governo

Não é possível imaginar um sistema nacional de saúde sem a estrutura administrativa necessária para organizá-lo. Cuidar dos animais domésticos não faz parte do círculo de atribuições do Ministério do Meio Ambiente (que por sinal já tem sob o seu guarda-chuva uma enorme lista de responsabilidades), logo não faria sentido deixar sob o cuidado dessa pasta o SUS Animal.

A saída mais racional seria a criação de uma Secretaria Nacional da Saúde e Bem-Estar Animal, acompanhada de secretarias em nível estadual e municipal. Esses entes ficariam responsáveis pela gestão do SUS Animal nos seus respectivos âmbitos e pela interlocução com outros órgãos públicos e sociedade civil. À secretaria nacional caberia a construção de hospitais, hemocentros e fábricas de medicamentos e próteses, em parceria com as secretarias estaduais e municipais; a coordenação-geral do sistema e o repasse de verba para complementar o orçamento dos entes subnacionais, além da realização de campanhas e mutirões.

Aos estados caberia, em parceria com os municípios, a realização de obras, com o apoio federal, e a prestação direta ou por meio de convênio de serviços veterinários à população animal do estado; aos municípios incumbiria a realização do cadastramento dos animais mediante a emissão de documento do tipo RG, tal como já se faz na cidade de São Paulo, e igualmente a prestação direta ou por meio de convênio de serviços veterinários à população local e eventualmente das cidades adjacentes, além da realização de obras, mediante o apoio dos governos estaduais e federal.

## Centro de estudos do SUS Animal

A Secretaria Nacional de Saúde Animal ficaria encarregada de criar um centro de estudos responsável, entre outras coisas, por verificar a incidência de doenças em animais domésticos, tabular dados e divulgar estatísticas, verificar a qualidade dos procedimentos médicos adotados no SUS Animal, bem como realizar pesquisas e análises que sirvam como base para ações nacionais voltadas à saúde e bem-estar dos pets.

## Auditoria e controle social

As contas dos SUS Animal ficariam sujeitas à fiscalização do Tribunal de Contas da União, em nível federal, dos Tribunais de Contas dos estados, em nível estadual, e dos Tribunais de Contas estaduais e municipais, no caso dos municípios.

A participação da sociedade na fiscalização das contas e dos procedimentos do SUS Animal se daria por meio da criação de conselhos, nos três níveis de governo, dos quais participariam membros da sociedade civil, representantes de classe da medicina veterinária e servidores públicos de carreira, mediante indicação dos titulares das secretarias de saúde e bem-estar animal. Um canal para denúncias e elogios seria disponibilizado aos usuários do sistema, cuja avaliação será imprescindível ao aperfeiçoamento dos serviços prestados.

## Os pacientes

Quando se fala sobre saúde pública para os animais, pensa-se automaticamente em cães e gatos, eventualmente em aves e raramente em roedores e peixes. Mas haverá mais tipos de pacientes. Não é raro observar, nas cidades do interior do Brasil, animais de grande porte, como vacas, mulas e cavalos, sendo tratados como se fossem pets pelos seus donos. Mesmo cabras, galinhas e porcos podem ser criados como animais de companhia. Dentro da capacidade do sistema, não haverá recusa de atendimento a nenhum bicho que sinta dor.

O Brasil é um país de dimensões continentais, e todas as demandas possíveis recairão sobre o SUS Animal. É preciso, consequentemente, reduzir tanto quanto possível a pressão que incidirá sobre o sistema.

Uma medida capaz de aliviar a demanda nas clínicas e hospitais é a criação de ambulatórios móveis de saúde animal. Diante do sofrimento dos seu bichos, muitas pessoas buscarão atendimento nas capitais, ainda que precisem andar por dezenas de quilômetros. Os ambulatórios móveis poderão prevenir esse tipo de situação, levando atendimento mesmo aos rincões mais distantes do país e poupando pessoas e seus animais de longos trajetos.

## Vedações

Tão importante quanto definir as atribuições do SUS Animal é fixar o que não será feito no âmbito do sistema. Ações de adestramento, por exemplo, não serão realizadas. Procedimentos estéticos, como corte de rabos e orelhas dos animais, estão igualmente descartados. O sistema deve ser direcionado, ao menos nos seus primeiros anos, às emergências, tratamentos de doenças graves e reabilitação dos animais. Vacinação e castração de cães e gatos devem ser realizadas pelo SUS Animal prioritariamente nos animais internados, e cujos donos demonstrem estar em situação de pobreza.

## Acesso ao sistema

O acesso ao atendimento de emergência dos hospitais públicos ou conveniados dar-se-ia sem pré-requisitos ou formalidades, bastando aos tutores comparecer a uma clínica ou hospital do sistema munidos de documento. Os atendimentos para consultas e procedimentos eletivos ficariam condicionados à apresentação do RG do animal. Seria uma forma de promover um cadastramento nacional dos bichos, o que permitiria registrar o histórico de procedimentos de cada animal, além de viabilizar a coleta de dados fundamentais para a elaboração de políticas públicas, campanhas de informação e alocação de investimentos.

A cidade de São Paulo é a mais avançada na política de registro de cães e gatos e poderia servir de modelo para outros municípios Brasil afora. Tutores comprovadamente pobres teriam prioridade no atendimento, mediante a comprovação do estado de vulnerabilidade econômica.

## Componentes do SUS Animal

O Sistema Único de Saúde Animal consistiria em: hospitais, clínicas, hemocentros, fábricas de medicamentos, fábricas de próteses, centros de reabilitação, além de equipamentos e instalações pertencentes a parceiros conveniados, durante a vigência dos convênios.

## Profissionais

Os profissionais que protagonizarão o SUS animal serão obviamente os médicos-veterinários e auxiliares, coadjuvados por servidores públicos responsáveis pelo funcionamento do sistema nas áreas de compras, contratos, contabilidade etc., além dos procuradores federais, estaduais e municipais, e dos voluntários que desejem contribuir.

## Desenvolvimento do sistema

Atualmente, algumas poucas prefeituras (como as de São Paulo-SP e Santos-SP, por exemplo) oferecem serviços veterinários gratuitos para a população. Em nível federal não há serviços ofertados, e no âmbito dos estados há pouquíssimas iniciativas. O pontapé inicial do sistema poderia se dar com a instalação de um hospital federal para intervenções complexas nas cidades de São Paulo e Rio de Janeiro, junto de um hemocentro em cada cidade, além de uma fábrica de próteses e outra de medicamentos, ambas em São Paulo.

O ideal, no futuro, é ter uma fábrica de medicamentos por estado, mas uma única fábrica de próteses seria o suficiente na etapa inicial e poderia produzir material para hospitais das demais unidades da federação — caso a demanda cresça significativamente, pode-se avaliar a possibilidade de criação de uma fábrica por região do Brasil.

As secretarias estaduais de saúde animal, com apoio da secretaria nacional, se encarregariam de construir um hospital em cada capital, em parceria com a prefeitura local. Nas cidades que tiverem capacidade financeira e demanda suficientes para justificar a criação de um hospital, caberá aos municípios a construção dos equipamentos, com apoio das secretarias estaduais e federal de saúde animal, mediante disponibilidade orçamentária. Nas regiões em que não houver ou demanda ou recursos financeiros suficientes, os municípios poderão se reunir em consórcio para criar hospitais veterinários regionais.

A construção e a operação de clínicas destinadas aos atendimentos de menor complexidade ficarão a cargo das secretarias municipais de saúde animal, e poderão ser operadas por meio de convênios com instituições filantrópicas e faculdades de medicina veterinária.

## Os hospitais filantrópicos pet e o modelo de organizações sociais de saúde (OSS)

Os hospitais veterinários das faculdades de medicina estaduais e federais poderiam ser imediatamente incorporados ao SUS Animal mediante convênio entre o Ministério da Educação e as secretarias estaduais de educação e a Secretaria Nacional de Saúde Animal. Os convênios atualmente celebrados pelas prefeituras com entidades veterinárias sem fins lucrativos podem e devem ser ampliados, porém é necessário regulamentar a matéria e estabelecer parâmetros rigorosos de transparência e controle.

Hospitais que cuidam da saúde animal sem finalidade lucrativa também poderiam compor a rede do SUS Animal por meio da criação da figura do **hospital filantrópico pet**, seguindo o modelo da saúde humana. Hospitais animais sem fins lucrativos poderiam receber recursos do SUS Animal para realizar atendimentos pelo sistema, enquanto mantêm atendimento privado.

## Uma nova atribuição para a ANS

A criação de um sistema público de saúde para os pets trará como consequência imediata o desenvolvimento do mercado privado de saúde animal. Atualmente já existem planos de saúde para cães e gatos, e a tendência é que, uma vez instalado o debate sobre o SUS Animal na opinião pública, cada vez mais tutores procurem a cobertura de seguros e planos privados para os seus bichos de estimação.

O desenvolvimento do mercado de saúde suplementar animal trará a necessidade de regulação e fiscalização do setor, e a entidade mais adequada para levar a cabo essas tarefas é a Agência Nacional de Saúde Suplementar (ANS). Caberia então ao Congresso Nacional aprovar mudanças legais no marco que regula a ANS, a fim de ampliar a jurisdição da agência para abarcar os planos de saúde pet.

## Metade do pão agora, depois a outra metade

"Quando lhe oferecerem apenas metade do pão, que fazer? Aceite, depois volte em busca da outra metade", aconselhava o presidente norte-americano Ronald Reagan. Moral da história:

faça o melhor possível, sem perder de vista o ideal. E qual seria o ideal para um sistema único de saúde animal? Atendimento no padrão do hospital **Schwarzman Animal Medical Center**, de Nova York, que é considerado o estado de arte da medicina veterinária. Um complexo que alia tecnologia de ponta e os melhores veterinários do mundo para oferecer a melhor assistência possível para os animais. Uma referência clara de excelência e determinação para buscar cada vez mais se aproximar dela, fazendo mais e melhor a cada dia, eis uma boa receita para se aplicar ao SUS animal.

# O PREÇO DO QUE NÃO TEM PREÇO

"O amor que não se reflete no orçamento não é amor de verdade." (Felipe Calderón, ex-presidente do México)

## Urgência, a mãe da inovação

O financiamento é o calcanhar de Aquiles de qualquer projeto, seja no setor público ou na iniciativa privada. Os custos formam uma parede invisível — não a única, mas a principal — que bloqueia o acesso do empreendedor ao seu sonho, e que dificulta, ou impede, um governo de realizar uma obra ou política pública.

No caso da proposta apresentada neste livro, a questão da sustentabilidade econômica é uma das grandes preocupações que emergem logo de cara. Como bancar a infraestrutura física necessária para o SUS Animal operar é uma pergunta que me faço há bastante tempo. A seguir, algumas observações a respeito de como se poderia viabilizar o lançamento do SUS Animal.

## War bonds

A entrada dos Estados Unidos na Primeira Guerra Mundial, em 1917, mudaria o mundo das finanças para sempre. Pressionado pelo custo astronômico da mobilização, o governo norte-americano lançou mão de uma ferramenta que se tornaria fundamental nos conflitos seguintes: o *war bond* — ou "bônus de guerra", em bom português.

Trata-se de um tipo de título emitido pelo Tesouro americano, e colocado à disposição da população como investimento. O público financiava o Estado comprando os títulos, e em troca receberia o valor investido com juros ao final do prazo de maturação do papel (entre 10 e 30 anos).

Diante da necessidade de levantar muito dinheiro num prazo exíguo, a emissão dos bônus de guerra foi um movimento brilhante, que a um só tempo injetava volumosos recursos nos cofres públicos e protegia a economia nacional da inflação.

Durante a Segunda Guerra Mundial, o governo dos Estados Unidos emitiu *war bonds* em valores que iam de 25 a 100 dólares, acessíveis a qualquer cidadão interessado em financiar o esforço militar do país. Ao final da guerra, 85 milhões de cidadãos[72] (de um universo de 131 milhões) haviam comprado 185,7 bilhões de dólares em títulos (o custo total da guerra para os americanos foi de aproximadamente 300 bilhões de dólares).

Até os dias de hoje os bônus de guerra se mostram fundamentais em situações extremas: no começo de 2022 o governo da Ucrânia levantou em poucos dias 270 milhões de dólares para financiar o confronto com os russos.

A parte mais custosa do SUS animal será certamente a infraestrutura física: hospitais, fábricas, ambulatórios etc. Essas obras poderiam ser bancadas pela emissão de títulos ao estilo *war bonds* (podemos chamá-los de *pet bonds*), com prazo longo de vencimento, de 10 a 30 anos. As pessoas que acreditam na

---

72 SUNDIN, Sarah. *World War II war bonds*. Disponível em: https://www.sarahsundin.com/world-war-ii-war-bonds/. Acesso em: 18 abr. 2024.

importância de criar um sistema de saúde animal poderiam se tornar sócias da iniciativa, participando do seu financiamento e ainda obtendo retorno do investimento no futuro, o que reforçaria o caráter popular da iniciativa e transformaria simpatizantes em acionistas do projeto. O governo obteria os fundos necessários para dar início imediato à implantação da infraestrutura física do sistema, mediante a captação de recursos com longo prazo para pagamento, o que evitaria qualquer pressão fiscal de curto prazo nas contas públicas, tendo os cidadãos brasileiros como credores e parceiros.

A emissão dos títulos poderia ser feita exclusivamente pelos bancos públicos, ou por qualquer banco, mediante parceria com o Tesouro Nacional. Num momento em que a população se mostra profundamente interessada em finanças, cairia como uma luva uma modalidade de investimento que permite ao mesmo tempo contemplar o coração e o bolso.

Os americanos demonstraram como se paga e se vence uma guerra. Em 2024 temos a chance de mostrar como se banca um outro tipo de combate, contra a doença e o abandono dos nossos animais.

## Taxação sobre produtos pet

Uma taxa incidente sobre todos os produtos do mercado pet seria outro caminho a ser considerado, principalmente tendo em vista que a venda de produtos voltados aos cães e gatos cresce em ritmo vertiginoso.

Ninguém gosta da ideia de pagar tributos, e certamente eu não fujo à regra. Ocorre que, para criar um sistema de saúde animal, não há outro caminho possível. Boa parte da população não possui animais domésticos, daí não parece razoável esperar que os impostos recolhidos pelo conjunto do povo brasileiro sejam utilizados para custear as despesas com a saúde dos pets.

Tomemos um exemplo para ilustrar o meu argumento. No final dos anos 1960, o governo federal, a fim de financiar um ambicioso plano de construção de estradas, lançou a Taxa Rodoviária Única (TRU), que depois viria a ser substituída pelo Imposto sobre a Propriedade de Veículos Automotores (IPVA), em 1985. A TRU era cobrada dos proprietários de veículos, a quem coube bancar a construção e a manutenção das pistas. Caso não se cobrasse a taxa, o custo das obras seria bancado pela arrecadação de impostos, pagos inclusive por pessoas que não possuíam automóvel. Seria justo? Penso que não. A tributação tem um forte componente de legitimidade, e é preciso que faça sentido ao pagador de imposto o esforço que dele se exige.

Entendo que quem cuida de animal, quem ama animal, é que deve ser chamado à responsabilidade pelo SUS Animal. Eu sinceramente não entendo como alguém possa não gostar de cachorro, mas isso não altera em nada o direito de cada um ter ou não um cachorro. E quem opta por não ter, seja pelo motivo que for, não pode ser obrigado a arcar com os custos que cabem a quem adotou ou comprou um animal. Ao tributar os produtos pet para custear o financiamento do sistema, elimina-se qualquer controvérsia que possa eventualmente rondar a sua viabilidade econômica.

## Loterias federal e estaduais

Novas loterias poderiam ser lançadas para suplementar o financiamento do SUS Animal. Raspadinhas, por exemplo, seriam uma boa modalidade a ser utilizada. Somente no primeiro semestre de 2023, as loterias da Caixa Econômica Federal arrecadaram 10,34 bilhões de reais, dos quais 5,12 bilhões[73] foram destinados a seguridade, segurança pública, saúde, educação, esporte e cultura. Um bolo grande, mas que pode crescer ainda mais e ser repartido também com a assistência aos animais necessitados.

## Emendas parlamentares federais, estaduais e municipais

O orçamento do SUS Animal poderá contar também com o reforço de emendas parlamentares de senadores, deputados federais, deputados estaduais e distritais e vereadores. Já há muitos parlamentares que direcionam a aplicação de verbas a que têm direito à causa animal por intermédio de ONGs. Com o estabelecimento de um sistema de saúde público em nível nacional, a tendência é que a bancada pet cresça em todos os níveis de governo e consequentemente o volume de emendas (muito bem-vindas, diga-se de passagem) também aumente.

Podemos condensar as ideias apresentadas até aqui numa fórmula para o lançamento do sistema:

---

[73] ROCHA, Beatriz. Brasileiros gastaram bilhões em apostas de loteria em 2023; veja valores. *Estadão*, 11 jul. 2023. Disponível em: https://einvestidor.estadao.com.br/ultimas/quanto-brasileiros-gastaram-apostas-loteria-primeiro-semestre-2023/. Acesso em: 18 abr. 2023.

> Títulos de longo prazo para construção da infraestrutura física básica + taxa sobre produtos pet para bancar a manutenção da malha inicial + verbas de loterias e emendas parlamentares para suplementar o orçamento = 1ª fase do SUS Animal

Mais e melhores ideias surgirão, se Deus quiser. Mas temos de nos apressar: os animais não podem mais esperar.

# *IN MEMORIAM*

"O único defeito dos cães é ter a vida curta demais."
(Agnes Sligh Turnbull, escritora norte-americana)

## Lindo, enorme e esquecido

São Paulo, a capital do cimento, abriga um paraíso verde de 14 milhões de metros quadrados, que é ignorado pela maioria da população: é o Parque Ecológico do Tietê. Inaugurado em 1982, o parque inclui um belíssimo lago de 42 mil metros quadrados, além de bosques, campos, espaços de ensino e locais para a prática de esportes variados. Recebe, em média, modestos 330 mil visitantes mensais.[74] Vejamos a seguir o ranking com os parques mais visitados de São Paulo no primeiro semestre de 2023, segundo a Secretaria Municipal do Verde e Meio Ambiente:[75]

1º) Parque do Ibirapuera: 7.383.436 visitantes.
2º) Parque do Povo: 2.494.569 visitantes.
3º) Parque Independência: 1.977.801 visitantes.
4º) Parque do Carmo: 1.298.616 visitantes.
5º) Parque Jardim da Luz: 870.637 visitantes.

---

74 PARQUE ECOLÓGICO DO TIETÊ. *Governo do Estado de São Paulo*, [s.d.]. Disponível em: https.//www.saopaulo.sp.gov.br/conhecasp/parques-e-reservas-naturais/parque-ecologico-do-tiete/. Acesso em: 18 abr. 2024.
75 https://expresso.estadao.com.br/sao-paulo/2023/06/19/os-10-parques-municipais-mais-visitados-de-sp/.

6º) Parque Aclimação: 759.836 visitantes.
7º) Parque Augusta: 724.550 visitantes.
8º) Parque Trianon: 465.732 visitantes.
9º) Parque Santo Dias: 453.093 visitantes.
10º) Parque Vila Prudente: 419.038 visitantes.

Pode-se verificar que áreas verdes muito menores, algumas das quais inauguradas recentemente, têm atraído muito mais público do que a imensa reserva natural do Tietê.

É como diz o provérbio: "Algo de errado não está certo". Uma das principais queixas do paulistano é a falta de contato com a natureza. "A cidade é muito cinza", é uma avaliação que eu ouço desde criança. Reclamações a respeito de barulho e poluição vêm logo em seguida, em geral coligadas. Como é possível então que um espaço natural vastíssimo, destinado ao convívio, ao exercício físico e ao lazer, esteja sendo subaproveitado? Diante desse quadro, o que fazer para levar o público a conhecer esse equipamento tão precioso quanto ignorado?

## Um lugar para relaxar, junto dos que descansam para sempre

O que propomos para atrair atenção e público ao paraíso verde da capital paulista? Simplesmente a construção de um cemitério pet público, ou melhor, de um cinerário pet público — primeiro do Brasil, e, talvez, do mundo.

Primeiramente, façamos uma distinção: cemitério é o local onde se enterram os falecidos, cinerário é o espaço onde são depositadas as cinzas resultantes do processo de cremação. Atualmente, os tutores paulistanos têm basicamente duas opções quando seus animais morrem: podem recorrer ao serviço de cremação — municipal ou privado —, ou procurar um cemitério particular para enterrar seus bichos. Em meio aos seus milhões de metros quadrados de área, o Parque Ecológico poderia perfeitamente sediar um memorial público pet, inclusive o nome poderia ser esse mesmo, **Memorial Público Pet**.

O formato cinerário foi sugerido por razões práticas, uma vez que o terreno ocupado por uma urna com cinzas é consideravelmente menor do que o espaço utilizado para enterrar um animal. Os cães, por exemplo, variam muito de tamanho, havendo desde os pequeninos até os de porte gigante. Os gatos, da mesma forma, variam de peso e comprimento, e pesam entre 2 e 10 quilos. A cremação permite a padronização do espaço ocupado, facilitando o planejamento e uso do solo.

Pesam também contra o modelo de cemitério tradicional os riscos de contaminação do lençol freático e preocupações de ordem sanitária. Noutras palavras, o cinerário é mais econômico e seguro.

## Como fazer

A proposta que gostaríamos de apresentar para discussão, em breve síntese, é a seguinte: firma-se um convênio entre o governo do estado de São Paulo e a prefeitura da capital, ficando esta com um razoável espaço cedido dentro do Parque Ecológico do Tietê; a prefeitura designa um pequeno quantitativo de agentes funerários, jardineiros e guardas municipais, que ficam responsáveis pela manutenção e segurança da área; reserva-se uma parte do espaço ao comércio, com floriculturas, lanchonetes, um quiosque de souvenirs; um terceiro espaço seria convertido em estacionamento, e vigoraria a cobrança no sistema zona azul.

O cemitério pet poderia atrair tanto o paulistano quanto paulistas de outras cidades para conhecer o parque. Ter-se-ia um local de celebração da vida dos animais, com a possibilidade de enterrar as cinzas dos pets falecidos por um preço módico. As licenças para comerciantes e o estacionamento gerariam empregos, arrecadação de tributos e ajudariam a arrematar a experiência do visitante. Simples, viável e oportuno.

Um modelo para servir de orientação é o do cemitério pet da cidade de Manirika, nas Filipinas. Pequenas lápides em formato de pata marcam o local do enterro das cinzas. O espaço é bastante frequentado pela população da região, que o transformou em local de culto.

O cemitério pet de Marinika, nas Filipinas.

## Os animais humildes merecem tanta celebração quanto os abastados

Nos dias atuais, os animais de estimação ocupam espaço privilegiado nas vidas dos seus tutores. Nas chamadas famílias multiespécies[76], os pets foram elevados à condição de membros do núcleo familiar. Os cães de antigamente, que moravam na casinha do quintal e não podiam subir no sofá, se transformaram nos animais paparicados que agora têm acesso pleno à casa e até mesmo à cama dos donos. O casal de idosos por vezes tem no cachorrinho um neto. A moça e o rapaz solteiros desfrutam da companhia do gato, que manda na casa. A família composta pelo casal e seus filhos tem no porquinho-da-índia, no passarinho e no cão adotado os seus agregados do reino animal.

A mudança de status dos animais domésticos traz, entre outras repercussões, a necessidade de reavaliar o momento do adeus. Se em vida cães, gatos, aves, roedores, répteis, entre outros, são estimados como membros da família, a consideração há de se estender também ao momento em que venham a falecer — e além. A morte de bichos queridos não extingue o respeito, a gratidão e o carinho.

Do mesmo modo que familiares, amigos e amores são lembrados com arranjos floridos, fotos, lápides e missas, também aqueles seres que nos guarnecem e amam merecem, além de um lugar na memória e nas galerias do nosso coração, um espaço físico que registre a sua história.

---

76 ALVES, Jones Figueirêdo. A doutrina da família multiespécie e a identidade animal. *Conjur*, 14 fev. 2021. Disponível em: https://www.conjur.com.br/2021-fev-14/processo-familiar-doutrina-familia-multiespecie-identidade-animal. Acesso em: 18 abr. 2024.

Os cidadãos mais abastados da região metropolitana de São Paulo contam com opções de cemitérios privados onde enterrar seus pets. Falta, porém, um espaço público que ofereça o serviço funerário aos animais domésticos de famílias menos privilegiadas economicamente. O cinerário pet municipal que propomos neste espaço pode suprir essa carência.

## O BNDES

O Banco Nacional de Desenvolvimento Econômico e Social (BNDES) pode desempenhar um papel altamente relevante na criação de espaços pet nas praças e parques Brasil afora. A instituição já possui uma linha de financiamento específico para concessão de parques. Tomando a proposta de São Paulo como laboratório, pode-se verificar a viabilidade desse tipo de projeto e obter a curva de aprendizado necessária para repetir o modelo em outros locais. Seria possível medir o potencial de arrecadação de tributos com as licenças para atividades comerciais, a receptividade do público, as eventuais dificuldades etc.

Despertar o interesse da população pelos parques e mantê-los conservados são desafios permanentes dos gestores públicos municipais, e a criação dos cemitérios ou cinerários públicos para animais pode ser um caminho criativo a seguir.

Façam o teste, senhores prefeitos. Eu, na posição dos senhores, não hesitaria.

## Consórcios

Municípios de menor porte poderiam formar consórcios para a construção e operação de crematórios e cinerários, mediante rateio das despesas e responsabilidades — e aí também o apoio do BNDES na assessoria aos projetos cairia como uma luva. Seria uma solução que prefeituras com menor capacidade financeira poderiam adotar para a construção não apenas de cemitérios pet mas também de crematórios, que são ainda mais essenciais.

## Adoção pelo setor privado

Existe ainda a possibilidade de convidar a iniciativa privada a patrocinar a construção dos memoriais pet. Muitas cidades contam com programas de adoção de parques e áreas verdes por empresas, e a ideia que apresentamos aqui poderia se encaixar nos programas existentes. A depender do volume de investimentos a serem realizados, as prefeituras poderiam inclusive recompensar o patrocinador batizando o espaço apadrinhado com o nome da empresa durante a vigência do patrocínio. Seria um modo de viabilizar obras e manutenções mais custosas e de atrair investimentos de maior porte.

# EPÍLOGO: BAASAR E ZUZU

"Tudo que o amor toca é preservado da morte."
(Romain Rolland, escritor francês)

Na Mongólia há uma antiga lenda que diz que os cães, ao morrer, não devem ser enterrados; devem ficar sobre o solo, para que suas almas possam sair dos seus corpos e, então, reencarnar — inclusive sob a forma humana. É escasso o material a respeito dessa tradição, e sobre a Mongólia de maneira geral, um país que ainda preserva costumes nômades em pleno século XXI.

Uma das raras obras que tratam da alma na terra de Gengis Khan é um filme quase inclassificável chamado *O estado do cão*. Só conheço uma maneira de assistir a essa preciosidade: é quando alguma alma boa disponibiliza uma cópia do filme no YouTube. Não há cópias à venda nas lojas especializadas, e nem mesmo nos sites de download e pirataria é possível encontrá-lo. Na verdade, não há nada de surpreendente nisso. Tesouros são escassos por definição.

Apreciá-lo, contudo, não é experiência fácil. O filme tem uma cadência lenta, alterna longas sequências de imagens precárias, os poucos personagens quase não falam. Aqueles que se entregarem à experiência proposta, porém, podem estar certos de que não se arrependerão. Uma linda meditação a respeito da relação entre homens e cães é o resultado.

O protagonista do filme é o lindo vira-lata Baasar, que morre abatido por um caçador encarregado de conter o crescimento da população de cães de rua na capital do país, Ulan Bator. A alma de Baasar fica rodeando a Terra enquanto se recusa a reencarnar e voltar ao mundo dos homens, onde tanto sofreu.

Aqui lembro da minha cadelinha, Zuzu. Tenho com ela o relacionamento mais rico, mais profundo e mais intenso que uma pessoa pode ter com outro ser — um convívio maravilhoso baseado não em palavras, mas no olhar. Desde o dia em que a adotei, não passo um único minuto sequer sem me preocupar com seu conforto, com sua felicidade, com sua presença abençoada na minha vida.

Sinto, graças a Deus, que ela é muito feliz. O abanar constante de sua cauda afirma e reafirma isso. Um animal que sorri a todo momento, afetuoso, sereno e leal. Brincalhona, inocente, em igual medida ativa e preguiçosa.

Ao rever *O estado do cão* depois de adotá-la, tenho pensado a todo instante na minha conduta perante os animais, sobre o que devo fazer ante a dívida de gratidão que tenho com eles. E até aqui posso dizer que, caso o caminho espiritual da minha pequena Zuzu seja a reencarnação em forma de gente, nenhum obstáculo terei eu colocado à sua realização. Eu não serei o mau exemplo que fará sua alma se afastar do homem.

A minha amada cadelinha não rejeitará o ser humano por minha causa — eu juro.

# REFERÊNCIAS

AEGINA and its enmity with Athens. *Kosmos Society*, Nov. 29, 2018. Disponível em: https://kosmossociety.org/aegina-and-its-enmity-with-athens/. Acesso em: 18 abr. 2024.

ALBUQUERQUE, Flávia. Detentos cuidam de cães e gatos em presídio de São Paulo. *Agência Brasil*, 9 abr. 2022. Disponível em: https://agenciabrasil.ebc.com.br/geral/noticia/2022-04/detentos-cuidam-de-gatos-e-caes-em-presidio-de-sao-paulo. Acesso em: 18 abr. 2024.

ALVES, Jones Figueirêdo. A doutrina da família multiespécie e a identidade anima. *Conjur*, 14 fev. 2021. Disponível em: https://www.conjur.com.br/2021-fev-14/processo-familiar-doutrina-familia-multiespecie-identidade-animal. Acesso em: 18 abr. 2024.

ÁVILA, Edimilson. Governo fecha acordo para terminar Estação Gávea do metrô. *G1*, 23 nov. 2023. Disponível em: https://g1.globo.com/rj/rio-de-janeiro/blog/edimilson-avila/post/2023/11/23/acordo-para-terminar-estacao-gavea-do-metro.ghtml. Acesso em: 18 abr. 2024.

BRULLIARD, Karin. Cities go to extreme lengths to tackle a dog poop epidemic. *The Washington Post*, Apr. 27, 2016. Disponível em: https://www.washingtonpost.com/news/animalia/wp/2016/04/27/madrid-is-the-latest-city-to-fight-a-dog-poop-epidemic-that-just-wont-go-away/. Acesso em: 18 abr. 2024.

BURKE, Hilda. Pets in prison: the rescue dogs teaching Californian inmates trust and responsibility. *The Guardian*, 19 Apr. 2020. Disponível em: https://www.theguardian.com/lifeandstyle/2020/apr/19/pets-in-prison-the-rescue-dogs-teaching-californian-inmates-trust-and-responsibility. Acesso em: 18 abr. 2024.

CÃES e detetives particulares enfrentam qualquer dificuldade para encontrar pets desaparecidos. *R7*, 15 maio 2023. Disponível em: https://recordtv.r7.com/domingo-espetacular/videos/caes-e-detetives-particulares-enfrentam-qualquer-dificuldade-para-encontrar-pets-desaparecidos-15052023. Acesso em: 18 abr. 2024.

CENSO Pet IPB: com alta recorde de 6% em um ano, gatos lideram crescimento de animais de estimação no Brasil. *Instituto Pet Brasil*, 18 jul. 2022. Disponível em: https://institutopetbrasil.com/fique-por-dentro/amor-pelos-animais-impulsiona-os-negocios-2-2. Acesso em: 18 abr. 2024.

CILLIZZA, Chris. What Barack Obama gets exactly right about our toxic "cancel" culture. *The Point!*, Oct. 30, 2019. Disponível em: https://edition.cnn.com/2019/10/30/politics/obama-cancel-culture/index.html. Acesso em: 18 abr. 2024.

CLAUS, Patricia. World's first coins were minted in Ancient Lydia. *Greek Reporter*, Dec. 13, 2023. Disponível em: https://greekreporter.com/2023/01/29/worlds-first-coins-greek/. Acesso em: 18 abr. 2024.

CRMV-SP alerta para os riscos do abandono de animais nas rodovias. *CRMVSP*, 24 jul. 2018. Disponível em: https://crmvsp.gov.br/crmv-sp-alerta-para-os-riscos-do-abandono-de-animais-nas-rodovias/. Acesso em: 18 abr. 2024.

DESILVER, Drew. What's on your table? How America's diet has changed over the decades. *Pew Research Center*, Dec. 13, 2016. Disponível em: https://www.pewresearch.org/short-reads/2016/12/13/whats-on-your-table-how-americas-diet-has-changed-over-the-decades/. Acesso em: 18 abr. 2024.

DUCHARME, Jamie. Babies with pets may be less likely to develop food allergies. *Time*, Mar. 29, 2023. Disponível em: https://time.com/6266337/pets-food-allergies-children. Acesso em: 18 abr. 2024.

EICHENBERG, Gretchen. Arizona dog returns to family after going missing for 12 years: "Was like a new puppy again". *Fox News*, Sept. 13, 2023. Disponível em: https://www.foxnews.com/lifestyle/arizona-dog-returns-family-going-missing-12-years-was-like-a-new-puppy-again. Acesso em: 18 abr. 2024.

EM 2018, expectativa de vida era de 76,3 anos. *Agência IBGE Notícias*, 28 nov. 2019. Disponível em: https://agenciadenoticias.ibge.gov.br/agencia-sala-de-imprensa/2013-agencia-de-noticias/releases/26104-em-2018-expectativa-de-vida-era-de-76-3-anos. Acesso em: 18 abr. 2024.

EXPECTATIVA de vida do brasileiro sobe para 77 anos, diz IBGE. *Poder 360*, 25 nov. 2022. Disponível em: https://www.poder360.com.br/brasil/expectativa-de-vida-do-brasileiro-sobe-para-77-anos-diz-ibge/. Acesso em: 18 abr. 2024.

HAMILTON, David E. The political life of Herbert Hoover. *Brewminate.com*, Apr. 15, 2020. Disponível em: https://brewminate.com/the-political-life-of-herbert-hoover/. Acesso em: 18 abr. 2024.

HUNT, Elle. Doodoowatch: a crowdsourced solution to our cities' dog mess minefield? *The Guardian*, 4 May 2018. Disponível em: https://www.theguardian.com/cities/2018/may/04/poo-patrol-how-doodoowatch-could-solve-our-cities-dog-mess-problems. Acesso em: 18 abr. 2024.

JAEEUN Lee. S. Koreans' life expectancy higher than OECD average. *The Korea Herald*, July 23, 2023. Disponível em: https://www.koreaherald.com/view.php?ud=20230725000502. Acesso em: 18 abr. 2024.

JONES, Jeffrey M. Record-high 77% of Americans perceive nation as divided. *Gallup*, Nov. 21, 2016. Disponível em: https://news.gallup.com/poll/197828/record-high-americans-perceive-nation-divided.aspx. Acesso em: 18 abr. 2024.

KASSAM, Ashifa. Spanish town hires its own pet (poo) detective. *The Guardian*, 3 Apr. 2014. Disponível em: https://www.theguardian.com/world/2014/apr/03/spanish-town-hires-pet-poo-detective-dogs. Acesso em: 18 abr. 2024.

LAND-GRANT College Act of 1862. *Britannica*, [s.d.]. Disponível em: https://www.britannica.com/topic/Land-Grant-College-Act-of-1862. Acesso em: 18 abr. 2024.

LAURENT-SIMPSON, Andrea. Andrea Laurent-Simpson: "Dog Mom" and more – we're living in multispecies families now. Here's what it means. *Fox News*, July 31, 2021. Disponível em: https://www.foxnews.com/opinion/dog-mom-multispecies-families-andrea-laurent-simpson. Acesso em: 18 abr. 2024.

LAURENT-SIMPSON, Andrea. Just like family: how companion animals joined the household. *PhilPapers*, 2021. Disponível em: https://philpapers.org/rec/LAUJLF. Acesso em: 18 abr. 2024.

LEIRO, Mauricio. Estação Lauro de Freitas do Metrô tem grupo de trabalho para viabilizar chegada do modal; entenda ajuste. *Bahia Notícias*, 25 ago. 2023. Disponível em: https://www.bahianoticias.com.br/noticia/283592-estacao-lauro-de-freitas-do-metro-tem-grupo-de-trabalho-para-viabilizar-chegada-do-modal-entenda-ajuste. Acesso em: 18 abr. 2024.

LUKE, Steven; McVICKER, Laura. Lamp post corroded by dog urine topples over in downtown San Diego. *NBC San Diego*, Sept. 11, 2015. Disponível em: https://www.nbcsandiego.com/news/local/dog-urine-contributes-lamp-post-corroded-downtown-san-diego/1983654/. Acesso em: 18 abr. 2024.

MACKEY, Maureen. Dogs cry tears of joy when reunited with their owners: new study. *Fox News*, Aug. 23, 2022. Disponível em: https://www.foxnews.com/lifestyle/dogs-tears-joy-reunited-owners-study. Acesso em: 18 abr. 2024.

MALLOY, Terri. Your heart's best friend: dog ownership associated with better cardiovascular health. *Mayo Clinic*, Aug. 23, 2019. Disponível em: https://newsnetwork.mayoclinic.org/discussion/your-hearts-best-friend-dog-ownership-associated-with-better-cardiovascular-health/?mc_id=us&utm_source=newsnetwork&utm_medium=l&utm_content=content&utm_campaign=mayoclinic&geo=national&placementsite=enterprise&cauid=100721. Acesso em: 18 abr. 2024.

MATOS, Flavia. Sequestro de animais domésticos aumenta e assusta famílias; saiba como se proteger. *Jovem Pan*, 6 set. 2020. Disponível em: https://jovempan.com.br/noticias/brasil/sequestro-de-animais-domesticos-aumenta-e-assusta-familias-saiba-como-se-proteger.html. Acesso em: 18 abr. 2024.

MILAGRES, Leonardo. Agora vai? Metrô de BH promete entregar segunda linha em 2027. *G1*, 5 set. 2023. Disponível em: https://g1.globo.com/mg/minas-gerais/noticia/2023/09/05/agora-vai-metro-de-bh-promete-entregar-segunda-linha-em-2027.ghtml. Acesso em: 18 abr. 2024.

MISDARY, Rosemary. Should NYC compost its tons of dog poop? One neighborhood is trying it. *Gothamist*, Mar. 6, 2023. Disponível em: https://gothamist.com/news/should-nyc-compost-its-daily-tons-dog-poop-one-neighborhood-trying-it. Acesso em: 18 abr. 2024.

MOSCOW POLICE: Who if not us? 2020. *Artel.doc*. Disponível em: https://en.arteldoc.tv/films/580-moscow-police-who-if-not-us. Acesso em: 18 abr. 2024.

NEW Farmers Feed America coalition calls for a strong 2023 farm bill with robust funding for both agriculture and nutrition. *Feeding America*, Mar. 20, 2023. Disponível em: https://www.feedingamerica.org/about-us/press-room/new-farmers-feed-america-coalition-calls--strong-2023-farm-bill-robust-funding. Acesso em: 18 abr. 2024.

NOLEN, Stephanie. African countries made huge gains in life expectancy. Now that could be erased. *The New York Times*, Mar. 9, 2023. Disponível em: https://www.nytimes.com/2023/03/09/health/africa-diabetes-hypertension-cancer.html. Acesso em: 18 abr. 2024.

PARQUE Ecológico do Tietê. *Governo do Estado de São Paulo*, [s.d.]. Disponível em: https://www.saopaulo.sp.gov.br/conhecasp/parques-e-reservas-naturais/parque-ecologico-do-tiete/. Acesso em: 18 abr. 2024.

POLÍCIA CIVIL DE SANTA CATARINA. Seu pet desapareceu, ou encontrou um pet perdido? Clique aqui para comunicar. Disponível em: https://sistemas.pc.sc.gov.br/sospets/. Acesso em: 18 abr. 2024.

PREFEITURA DA CIDADE DO RIO DE JANEIRO. *Lei n. 6.884, de 26 de abril de 2021*. Torna obrigatória a prestação de socorro aos animais atropelados pelo atropelador no âmbito do Município do Rio de Janeiro, na forma que menciona. Disponível em: http://aplicnt.camara.rj.gov.br/APL/Legislativos/contlei.nsf/7cb7d306c2b-748cb0325796000610ad8/463fa5c0ce3ad5b5032586c40052ff-d5?OpenDocument. Acesso em: 18 abr. 2024.

PREFEITURA MUNICIPAL DE CAMPINAS. *Portal Animal*. Animais achados e perdidos. Disponível em: https://portalanimal.campinas.sp.gov.br/achados-e-perdidos. Acesso em: 18 abr. 2024.

RÉPUBLIQUE ET CANTON DE GENÈVE. *Loi sur les chiens (LChiens) (10531) du 18 mars 2011*. Disponível em: https://ge.ch/grandconseil/data/loisvotee/L10531.pdf. Acesso em: 18 abr. 2024.

RESK, Felipe. Darko Hunter: o caçador de pessoas desaparecidas em São Paulo. *Estadão*, 28 mar. 2021. Disponível em: https://www.estadao.com.br/sao-paulo/darko-hunter-o-cacador-de-pessoas--desaparecidas-em-sao-paulo/. Acesso em: 18 abr. 2024.

REYNOLDS, Gretchen. Dog owners get more exercise. *The New York Times*, May 29, 2019. Disponível em: https://www.nytimes.com/2019/05/29/well/move/dog-owners-get-more-exercise.html. Acesso em: 18 abr. 2024.

RIOS, Renata. Quase 48 milhões de domicílios no Brasil têm cães ou gatos, aponta pesquisa do IBGE. *Correio Braziliense*, 4 set. 2020. Disponível em: https://www.correiobraziliense.com.br/brasil/2020/09/4873376-quase-48-milhoes-de-domicilios-no-brasil-tem-caes-ou--gatos-aponta-pesquisa-do-ibge.html. Acesso em: 18 abr. 2024.

ROCHA, Beatriz. Brasileiros gastaram bilhões em apostas de loteria em 2023; veja valores. *Estadão*, 11 jul. 2023. Disponível em: https://einvestidor.estadao.com.br/ultimas/quanto-brasileiros--gastaram-apostas-loteria-primeiro-semestre-2023/. Acesso em: 18 abr. 2023.

ROYAL Canin celebrates 7,000th adoption from Missouri puppies for Parole Program. *PR Newswire*, Sept. 19, 2023. Disponível em: https://www.prnewswire.com/news-releases/royal-canin--celebrates-7-000th-adoption-from-missouri-puppies-for-parole--program-301931754.html. Acesso em: 18 abr. 2024.

SAIBA como funciona o serviço de disque denúncia animal. *Governo do Estado de São Paulo*, 18 mar. 2019. Disponível em: https://www.saopaulo.sp.gov.br/ ultimas-noticias/conheca-o-funcionamento--do-servico-de-disque-denuncia-animal/. Acesso em: 18. abr. 2024.

SCHUETZE, Christopher F. When animals are at risk, Special Netherlands Police Force defends them. *The New York Times*, Jan. 29, 2018. Disponível em: https://www.nytimes.com/2018/01/29/world/europe/netherlands-animal-police.html. Acesso em: 18 abr. 2024.

SHAHEEN, Mansur. America's poop public health crisis: sidewalks in major US cities are now covered in dog (and HUMAN) feces — and experts warn it may be fuelling E. Coli, hepatitis and heart inflammation cases. *Daily Mail*, 21 Feb. 2023. Disponível em: https://www.dailymail.co.uk/health/article-11776717/What-NYCs-dog-poo-p-ridden-streets-mean-health.html. Acesso em: 18 abr. 2024.

SILVER, Laura *et al.* Diversity and division in advanced economies. *Pew Research Center*, Oct. 13, 2021. Disponível em: https://www.pewresearch.org/global/2021/10/13/diversity-and-division--in-advanced-economies/. Acesso em: 18 abr. 2024.

SMYTH, Stuart. Global food production has increased 390 percent since 1960. Here's how farmers have done it. *Genetic Literacy Project*, July 17, 2023. Disponível em: https://geneticliteracyproject.org/2023/07/17/global-food-production-has-increased-390-percent-since-1960-heres-how-farmers-have-done-it/. Acesso em: 18 abr. 2024.

SP conta com delegacia para investigar maus-tratos a animais. *Governo do Estado de São Paulo*, 5 abr. 2016. Disponível em: https://www.saopaulo.sp.gov.br/ultimas-noticias/sp-conta-com-delegacia-para-investigar-maus-tratos-a-animais/. Acesso em: 18 abr. 2024.

STRAY dogs master complex Moscow subway system. *ABC News*, Mar. 19, 2010. Disponível em: https://abcnews.go.com/International/Technology/stray-dogs-master-complex-moscow-subway-system/story?id=10145833. Acesso em: 18 abr. 2024.

SUNDIN, Sarah. *World War II war bonds*. Disponível em: https://www.sarahsundin.com/world-war-ii-war-bonds/. Acesso em: 18 abr. 2024.

TATUZÃO conclui 49% da escavação do Trecho Sul da Linha 6-Laranja do Metrô. *Governo do Estado de São Paulo*, 31 jan. 2024. Disponível em: https://www.saopaulo.sp.gov.br/spnoticias/ultimas-noticias/tatuzao-conclui-49-da-escavacao-do-trecho-sul-da-linha-6-laranja-de-metro/. Acesso em: 18 abr. 2024.

THE AGRICULTURAL research service: a history of innovation. *USDA Tellus*, [s.d.]. Disponível em: https://tellus.ars.usda.gov/stories/articles/agricultural-research-service-history-innovation. Acesso em: 18 abr. 2024.

THE NHS: A Difficult Beginning (2011). Documentário. Disponível em: https://www.youtube.com/watch?v=-ywP8wjfOx4. Acesso em: 18 abr. 2024.

THOMAS, Aneira. "I was the first baby delivered by the NHS. It has saved my life eight times." *The Guardian*, 17 Sept. 2017. Disponível em: https://www.theguardian.com/society/2017/sep/16/first-baby-born-under-nhs-national-health-service-aneurin-bevan. Acesso em: 18 abr. 2024.

THOMAS, Kim. Why the South Wales town that forged the NHS now points to its future. *The Guardian*, 22 May 2018. Disponível em: https://www.theguardian.com/healthcare-network/2018/may/22/south-wales-town-forged-nhs-points-future-tredegar. Acesso em: 18 abr. 2024.

THOMAS, Tobi. Beware of social media: warning for UK dog owners as thefts rise. *The Guardian*, 26 Feb. 2021. Disponível em: https://www.theguardian.com/world/2021/feb/26/beware-social-media-warning-uk-dog-owners-thefts-rise. Acesso em: 18 abr. 2024.

THOUSANDS of cats and dogs victims of hit and run drivers each year. *Ipsos*, 4 Oct. 2001. Disponível em: https://www.ipsos.com/en-uk/thousands-cats-and-dogs-victims-hit-and-run-drivers-each-year. Acesso em: 18 abr. 2024.

VARGAS, Paloma. Acordo para retomar obras da Linha Leste do Metrô de Fortaleza é fechado. *O Povo*, 31 out. 2023. Disponível em: https://www.opovo.com.br/noticias/economia/2023/10/31/acordo-para-retomar-obras-da-linha-leste-do-metro-de-fortaleza-e-fechado.html. Acesso em: 18 abr. 2024.

VIRA-LATA caramelo na nota de R$200. *Change.org*, 30 jul. 2020. Disponível em: https://www.change.org/p/conselho-monet%C3%A1rio-nacional-vira-lata-caramelo-na-nota-de-r-200. Acesso em: 18 abr. 2024.

WILLIAM Saunders: a monumental figure in USDA. *USDA – United States Department of Agriculture*, [s.d.]. Disponível em: https://agresearchmag.ars.usda.gov/2013/sep/saunders/. Acesso em: 18 abr. 2024.

FONTE Minion Pro
PAPEL Pólen Natural 80 g/m²
IMPRESSÃO Paym